Schinderhannes und Spiessgesellen

Manfred Reitz

Schinderhannes und Spiessgesellen

Kleine Geschichte der Räuber und Raubritter

 Jan Thorbecke Verlag

Bibliografische Information der Deutschen Nationalbibliothek
Die Deutsche Nationalbibliothek verzeichnet diese Publikation in der Deutschen
Nationalbibliografie; detaillierte bibliografische Daten sind im Internet
über http://dnb.d-nb.de abrufbar.

© 2007 by Jan Thorbecke Verlag der Schwabenverlag AG, Ostfildern
www.thorbecke.de · info@thorbecke.de

Dieses Buch ist aus alterungsbeständigem Papier nach DIN-ISO 9706 hergestellt.
Layout: Wolfgang Sailer, Jan Thorbecke Verlag
Gesamtherstellung: Jan Thorbecke Verlag, Ostfildern
Printed in Germany
ISBN 978-3-7995-0180-4

INHALT

VORWORT

Räubergeschichten haben schon immer die Literatur und Kunst beflügelt: Zunächst gibt es den positiv bewerteten gerechten Räuber, der für eine gute Sache streitet, sich als Rebell gegen die Obrigkeit auflehnt und die Armen beschützt. Daneben gibt es allerdings auch den negativ bewerteten verkommenen und geldgierigen Räuber, der seine Mitmenschen verachtet und ihnen schaden will. Beide Räubertypen hatten ihre Vorbilder in der Wirklichkeit. Doch letztlich wollten alle Räuber eines: das Geld ihrer Opfer.

Aktivitäten von Räubern und Räuberbanden sind uralt. Mit der Erfindung des privaten und allgemeinen Besitzes gab es auch die ersten Räuber, die sich das Eigentum anderer aneigneten. Frühe Hinweise auf Räuberbanden weisen tief in die Antike zurück. Bereits die Pharaonen unterhielten eine Wüstenpolizei, die das Reich vor den Überfällen der räuberischen Nomaden schützen sollte. Zahlreiche antike Autoren beschreiben in ihren Werken Aktivitäten von Räubern und lassen keine Schandtat aus, von denen uns viele auch aus der heutigen Zeit bekannt sind. Schon früh wurden Menschen überfallen, beraubt und nicht selten dabei ermordet. Uralt ist schließlich auch die Lösegelderpressung. Reiche Kaufleute gingen bei ihren Reisen immer das Risiko ein, nicht nur überfallen und ausgeraubt, sondern auch entführt und erpreßt zu werden. Nahezu alle Motive und Überlegungen der Räuber unserer Zeit waren also bereits in der Vergangenheit anzutreffen. Die menschliche Phantasie scheint bei Schandtaten zum Geldgewinn nahezu unerschöpflich zu sein.

Das vorliegende Buch will einen kurzen Überblick über die Geschichte der Räuber und ihrer Banden auf dem Gebiet des heutigen Deutschlands geben. Aus dieser Geschichte läßt sich gut erkennen, zu welchen kriminellen Aktivitäten Menschen fähig sind, um sich ohne große und anstrengende eigene Arbeit Geld anzueignen, aber auch, welche Risiken sie dabei eingehen. Sie sind absolut überzeugt, niemals erwischt zu werden und verdrängen die nicht minder unerschöpfliche Phantasie der Obrigkeit, Menschen zu foltern und ins Jenseits zu befördern.

Die Geschichte der Räuberei beginnt in diesem Buch mit den Raubrittern und ihren Spießgesellen. Im Spätmittelalter kam es zu einem Niedergang des Rittertums. Die ritterlichen Tugenden verloren an Bedeutung, während sich darüber hinaus die wirtschaftliche Situation vieler Ritter zunehmend verschlechterte. Oft war es pure wirtschaftliche Not, die komplette Sippen von Rittern veranlaßte, zu Raubrittern zu werden und die Schwüre ihrer Ritterehre nicht nur zu verwerfen, sondern in das Gegenteil zu verkehren. Der Weg zur Entwicklung des Raubrittertums und das Schicksal einzelner Raubritter werden in diesem Buch beleuchtet.

Zu einem weiteren Höhepunkt räuberischer Aktivitäten kam es vor, während und nach dem Dreißigjährigen Krieg. Manches Söldnerheer war zu dieser Zeit nichts anderes als eine große Räuberbande. Der endlos lange Krieg wurde zuletzt durch den Krieg selbst finanziert, so daß Raub, Mord und Totschlag zum Alltag gehörten. Als der Krieg schließlich beendet war, glich das einst blühende Deutsche Reich weitgehend einer Trümmerlandschaft. Große Gebiete waren durch Raub und Plünderung so sehr verwüstet, daß die Bewohner viele Jahrzehnte benötigten, um diese wieder in den ursprünglichen Zustand zu versetzen.

Auch im 18. und 19. Jahrhundert machten zahlreiche Räuber deutsche Gebiete unsicher. Es waren Zeiten des Umbruchs: Die Landesherren sahen ihre Territorien als privaten Besitz an und beuteten ihre Untertanen aus. Gleichzeitig wurde damit die Lunte für Revolutionen gezündet. Das 18. und 19. Jahrhundert war die Zeit der großen Räuberbanden, die Dörfer und sogar Städte terrorisierten und das Reisen zu einem Risiko machten. Ein Spaziergang im Wald bedeutete in vielen Gegenden keine Erholung, sondern war ein gefährliches Unternehmen. Bis heute werden die räuberischen Aktivitäten dieser Zeit manchmal verklärt und erscheinen in einem romantischen Licht. Doch für die Menschen damals stellten die Räuber und ihre Banden eine Bedrohung ihrer Existenz dar.

Der Mythos, der oft mit Räubern und ihren Banden verknüpft wird, ist letztlich schwer nachzuvollziehen. Räuber haben den Wert ihrer Mitmenschen und Opfer verachtet. Edle Räuber gab es zu keinem Zeitpunkt. Jeder Räuber und jede Räuberbande vertraten ausschließlich egoistische Interessen, denn sie alle wollten nur rasch, ohne arbeiten zu müssen, zu viel Geld kommen oder handelten aus eigener Not.

Vor dem Hintergrund des Abenteuers ist die Geschichte der Räuber und der Räuberbanden außergewöhnlich spannend. Nicht nur Schriftsteller, sondern auch Künstler und die Filmindustrie wurden und werden immer wieder von der Räuberthematik angezogen. Die ganze Breite eines menschlichen Charakters kann darin präsentiert werden. Der Leser und Zuschauer erlebt dabei viele spannende Abenteuer mit, kämpft mit dem Räuber, leidet mit dem Opfer und muß vor allen Dingen nicht fürchten, wie die meisten der echten Räuber am Galgen zu enden.

Zum Gelingen des Buches haben zahlreiche Mitarbeiterinnen und Mitarbeiter beigetragen, denen ich herzlich danke, insbesondere dem Jan Thorbecke Verlag für die Herausgabe des Buches und Dr. Janina Drostel für die Betreuung im Verlag.

Dr. Manfred Reitz

RAUBRITTER – DER NIEDERGANG DER EDLEN RITTER

Während ihrer Blütezeit lebten die Ritter im gesamten europäischen Abendland nach einem strengen Ehrenkodex. Dieser basierte auf einem starken religiösen Fundament, das durch die Kreuzzüge weiter vertieft wurde. Mit seinen Waffen sollte der Ritter das Wohl der Gesellschaft verteidigen, Ketzer und Ungläubige bekämpfen und die Schwachen schützen. Er war nicht nur Streiter für seinen Lehnsherrn, sondern auch ein Streiter Gottes. Durch Rittertugenden und Kampfgeist konnte ein Ritter ewigen Ruhm gewinnen und Heldentaten vollbringen, von denen Minnesänger auf allen Burgen berichteten.

Ab dem späten Mittelalter war es mit diesen vielgepriesenen Tugenden vorbei. Die Zeiten hatten sich geändert; die Kreuzzüge waren gescheitert, und die Religion bestimmte nicht mehr in erster Linie den Alltag. Immer mehr Ritter wandten sich in dieser Zeit des Umbruchs von ihrem Ehrenkodex ab und dem reinen Geschäftssinn zu. Da sie Berufskrieger waren und außer dem Streiten und Kämpfen kaum Fertigkeiten gelernt hatten, wurde der Kampf zu ihrem neuen Geschäftsfeld. Er galt nicht mehr der Ehre, sondern dem Erwerb von großem Reichtum. Aus dem edlen Ritter wurde nun immer öfter ein Raubritter. Die folgenden Kapitel beschreiben den Niedergang der einst edlen Ritter zu Raubrittern.

Krisen im späten Mittelalter

Als sich das europäische Mittelalter langsam seinem Ende zuneigte, begann ein Zeitalter der Krisen. Insbesondere das 14. Jahrhundert wurde von krisenhaften Ereignissen heimgesucht, die für ständige Umbrüche sorgten. In zahlreichen Fällen hatten sich diese Probleme schon lange vorher angekündigt und waren nur nicht rechtzeitig zur Kenntnis genommen worden. Hauptsächlich handelte es sich dabei um gesellschaftliche oder politische Fehlentwicklungen, die im Spätmittelalter einen Höhepunkt erreicht hatten und auf eine Lösung drängten. Die ständigen Auseinandersetzungen zwischen Staat und Kirche hatten die Stellung des Kaisers geschwächt, während gleichzeitig Territorialherren immer mächtiger wurden.

Andere Krisen dagegen waren völlig unvorhersehbar und wurden durch Naturkatastrophen ausgelöst. Die daraus resultierenden Mißernten führten im 14. Jahrhundert zu einem Nahrungsmangel. Dramatisch waren zum Beispiel die Jahre 1315 bis 1317. Damals vernichteten langanhaltende sintflutartige Regenfälle die Ernten und stürzten die Bevölkerung in große Armut. Nach der während dieser Zeit geschriebenen Bad Windsheimer Chronik war die Not der Menschen so groß, daß es sogar zu Kannibalismus kam. In der Schrift heißt es, die Menschen hätten *allerleyß, hund, pferd und dieb vom Galgen gefreßen.*

Soziale Einrichtungen erreichten damals die Grenzen ihrer Belastbarkeit. Es gab Klöster, die täglich bis zu vierhundert Arme verpflegten, um sie vor dem Verhungern zu bewahren. Bäcker fürchteten um ihre Geschäfte und bewachten sie Tag und Nacht. Verendete und auch bereits halb verweste Tiere wurden, nach der Magdeburger Schöffenchronik von 1318, nicht eilig vergraben, sondern ihr Fleisch wurde gebraten und verkauft.

Langfristige Klimaverschiebungen

Naturkatastrophen waren und blieben im Spätmittelalter keine Einzelereignisse. Im Verlauf des 14. Jahrhunderts änderte sich das Klima auffallend, da eine längere Warmzeit nun langsam zu Ende ging. In Europa wurde es so kalt, daß heute von einer »kleinen Eiszeit« gesprochen werden kann. Immer wieder gab es kalte Sommer. Im Juni 1318 zum Beispiel fiel in der Stadt Köln sogar Schnee. Ein großer Teil der landwirtschaftlichen Anbauflächen war durch diese immer häufiger vorkommenden Kälteeinbrüche langfristig nicht mehr nutzbar und mußte zuletzt aufgegeben werden, da keine Saat mehr gedeihen konnte. Gleichzeitig gelang es jedoch nicht, neue und hochwertige Böden als Ersatz zu erschließen.

Der Ernteerfolg auf den bewirtschafteten Flächen nahm immer weiter ab. Bereits im Hochmittelalter hatte sich dieses Dilemma abgezeichnet, das durch ein stetiges Anwachsen der Bevölkerung noch verstärkt wurde. Die Natur war im deutschen Sprachraum von dem von römischen Autoren so begeistert beschriebenen Urzustand inzwischen weit entfernt. Die einst wuchtigen Eichen waren bereits im Hochmittelalter weitgehend verschwunden; die Waldflächen waren durch den Raubbau der Wälder extrem reduziert worden. Als Folge davon schritt die Bodenerosion voran, und die Qualität von zuvor ertragreichen Böden ging verloren. Über lange Zeiträume hatte sich dieser Zustand stetig verschlechtert, und die Kälte trug nun das Ihrige dazu bei. Große Bevölkerungsgruppen litten durch die schlechten Ernten regelmäßig Hunger. Betrug zum Beispiel noch im 13. Jahrhundert beim Weizen in Mitteleuropa das Verhältnis zwischen Aussaat und Ernte etwa 1 : 6, so fiel es im 14. Jahrhundert auf etwa 1 : 3 zurück. Gleichzeitig konnten wegen des Klimawandels immer weniger Arten von Kulturpflanzen überhaupt ertragreich angebaut werden. Statt des nährstoffreichen Weizens und Hafers wurden deshalb verstärkt Gerste und Hülsenfrüchte gepflanzt. Als eine der Folgen gab es auch für Nutztiere nicht mehr genügend Futter, und ihre Zahl nahm stetig ab. Zuletzt standen sogar für die Feldbestellung zu wenig Ochsen zur Verfügung, und die Ernteerträge verringerten sich erneut.

Statistiken zum Weinanbau geben heute gute Hinweise auf das einst so sonnenverwöhnte Hochmittelalter in Europa und die Folgen des späteren Kälteeinbruchs. Der heutige Weinkenner wird ungläubig staunen, doch im Hochmittelalter konnten englische Weine leicht mit französischen Weinen in eine ernsthafte Konkurrenz treten. Wein wurde während dieser Zeit auch erfolgreich in Norddeutschland und Belgien kultiviert, im Alpenvorland sogar bis auf eine Höhe von 700 Metern. In der Ordensgemeinschaft der Cluniazenser in Frankreich pflegte man den Brauch, am Tag der Verklärung Christi (13. August) während der Messe über dem Kelch frisch gelesene Trauben auszudrücken. Die Regel wurde im Jahre 1018 eingeführt und konnte für lange Zeit bequem eingehalten werden. Stets gab es reife Trauben, die ausgedrückt werden konnten. Erst im Spätmittelalter fanden die Mönche zum vorgegebenen Zeitpunkt keine ausreichende Menge reifer Trauben mehr. Aus zahlreichen Hinweisen zum

Weinanbau kann gefolgert werden, daß im Hochmittelalter über lange Zeiträume hinweg die Durchschnittstemperatur in Mitteleuropa in den Monaten April bis August etwa 1,7 °C höher lag als in der Gegenwart.

Seuchen und andere Katastrophen

Die landwirtschaftlichen Katastrophen des frühen 14. Jahrhunderts fielen mitten in eine Zeit des allgemeinen Bevölkerungswachstums und wirkten sich deshalb um so dramatischer aus. Nach Schätzungen lebten um das Jahr 1000 in Europa rund 42 Millionen Menschen. Bis in die Zeit um das Jahr 1300 war ihre Zahl auf vermutlich 73 Millionen angestiegen. In Deutschland hatte sich die Zahl der Einwohner vom 11. bis zum 13. Jahrhundert sogar verdoppelt. Danach aber begannen europaweit die großen Krisen. Es gab nicht nur Ernährungs- und Wirtschaftsprobleme, sondern als Folge mangelnder Hygiene auch fast regelmäßig Seuchen, deren verheerendste die Pest war. Am schlimmsten war der »Schwarze Tod«, eine Pestseuche, die von 1347 bis 1352 Europa heimsuchte und Schätzungen zufolge etwa ein Drittel der gesamten Bevölkerung tötete. Bis 1351 sank die mutmaßliche Bevölkerungszahl auf weniger als 50 Millionen ab, um 1400 waren es sogar nur noch rund 45 Millionen Menschen. Auf dem Gebiet von Deutschland, Frankreich und England, für das genauere Bevölkerungszahlen existieren, lebten um das Jahr 1340 rund 39,5 Millionen Menschen und um 1470 nur noch etwa 27 Millionen. Erst um das Jahr 1620 war die Bevölkerungszahl in Mitteleuropa wieder auf rund 42 Millionen angewachsen.

Die Krisen der Umwelt und des Klimas beeinflußten im Spätmittelalter gemeinsam mit den immer wiederkehrenden Seuchen nicht nur die Wirtschaft, sondern auch das geistige, kulturelle und politische Leben. Hoffnungslosigkeit machte sich breit. Bisher für unverrückbar gehaltene Wertvorstellungen verloren an Bedeutung und hinterließen Lücken.

Wirtschaftliche und soziale Konsequenzen

Die Gesellschaft wurde auf allen Ebenen von Umbrüchen mit vielfältigen Folgen erfaßt. Durch den Klimawandel konnte die Bevölkerung in vielen Gebieten nicht mehr so autark wie im Hochmittelalter leben. Da die Erträge der Landwirtschaft in zahlreichen Regionen unsicher geworden waren, mußte das wirtschaftliche Leben auf ein breiteres Fundament als bisher gestellt werden: Die Bewohner der betroffenen Gebiete begannen, ihre wirtschaftlichen Unsicherheiten durch den Handel auszugleichen. Jede einzelne Region spezialisierte sich auf eigene Produkte, die großräumig verkauft werden konnten, was insbesondere den Straßenbau förderte. Durch den Anstieg des Handels nahm auch die Bedeutung des Geldes zu. Produkte konnten nicht mehr, wie lange Zeit üblich, in Form von Tauschgeschäften mit Naturalien oder handwerklichen Erzeugnissen bezahlt werden, sondern wurden nun gegen Münzen weitergegeben.

Gleichzeitig wuchs die Bedeutung und der Einfluß der Städte auf Kosten der Dörfer unaufhaltsam an. Zwischen 1150 und 1200 stieg allein in Deutschland die Zahl der Orte mit Stadtrechten von rund 200 auf etwa 600. In den Städten konnten die Menschen, zum Beispiel als Handwerker, leichter ein Einkommen finden als auf dem Land. Gleichzeitig wurden Städter, besonders wenn sie die Bürgerrechte einer Stadt besaßen, nicht so sehr bevormundet wie Bauern. Sie waren keine Leibeigenen wie die Bauern eines Fronherrn, sondern frei und konnten viel stärker als die Landbevölkerung eigene Interessen vertreten. Immer mehr Landbewohner versuchten daher, sich in den Städten niederzulassen und ihr Schicksal in die eigene Hand zu nehmen. Stadtbewohner hatten im Gegensatz zur leibeigenen Landbevölkerung realistische Chancen, durch Fleiß ein eigenes Vermögen zusammenzutragen und dadurch den Lebensstandard zu verbessern.

Mit dem Aufstieg der Städte und der wachsenden Bedeutung der handwerklich ausgebildeten Bürger kam es schließlich auch zu einer Krise des Feudalsystems, unter der insbesondere die Ritter zu leiden hatten. Ihre politische und wirtschaftliche Macht nahm immer stärker ab.

Krisen des Rittertums

Bis zum Hochmittelalter war der mittelalterliche Mensch in ein scharf abgegrenztes System von Hierarchien eingeordnet. Die Herkunft bestimmte das einzelne Schicksal, und einem einfachen Menschen war es praktisch unmöglich, seinen Lebensraum und seinen sozialen Stand dauerhaft zu verlassen, um in der Gesellschaft aufzusteigen. Freie Bürger gab es meist nur in den Städten und kaum auf dem Land, wo die Menschen überwiegend unfrei und damit Leibeigene waren. Sie gehörten einem adeligen Herrn und mußten für ihn arbeiten. Aufzubegehren war unmöglich und wurde sofort streng bestraft. Sogar bis in das Privatleben hinein bestimmte ein Herr das Leben seiner Leibeigenen. Nur etwa drei Prozent der Bevölkerung waren im mittelalterlichen Deutschland adelig, sie dominierten jedoch das Land und teilten sich die Macht.

Adelige Berufskrieger

Ritter waren in diesem System überwiegend adelige Berufskrieger, die verschiedenen Fürsten oder sogar dem König dienten. Damit sie sich ständig kampfbereit halten konnten und keiner anderen Tätigkeit nachgehen mußten, wurde ihnen Landbesitz zu Lehen gegeben. Dieses Lehen wurde von Leibeigenen bewirtschaftet. Die Erträge flossen dem Lehnsherrn zu, so daß ein Ritter mit seinem Gefolge gut davon leben konnte. Doch Ausrüstung wie Pferd, Rüstung oder Waffen und der ritterliche Lebensstandard waren teuer. Um die häufig anspruchsvollen Bedürfnisse eines Ritters zufriedenzustellen und um seine Ausrüstung, seine Familie sowie seine Kriegsknechte und Knappen zu finanzieren, waren die Erträge von etwa 150 Hektar Land und die Arbeit einer großen Zahl von Leibeigenen notwendig. Auf seinem Gebiet herrschte jeder Ritter nach der Art eines absoluten Herrn, für den alle Bewohner arbeiten mußten. Bei Streitigkeiten war ein Ritter auf seinem Lehen Herr über Leben und Tod.

Innerhalb des Feudalsystems des Mittelalters besetzte der Ritter eine Zwischenposition. Über ihm standen die Fürsten und der König, unter ihm seine leibeigenen Bauern. Jeder Ritter mit Leibeigenen war auf diese Weise gleichzeitig Herr seiner Bauern und Vasall eines über ihm stehenden Herrn.

Wendepunkt Kreuzzüge

Im Spätmittelalter geriet die Position des Ritters innerhalb der gesellschaftlichen Hierarchie immer stärker unter Druck. Die Kreuzzüge hatten dem Adel erheblich zugesetzt und in viele Familien große Lücken gerissen. Kirche und Papst forderten zwar zur Teilnahme an den Kreuz-

Das Idealbild eines mittelalterlichen Ritters
(Codex Manesse, 1. Hälfte des 14. Jahrhunderts)

zügen auf, doch die Kosten der Feldzüge trugen die Ritter selbst. Sie mußten nicht nur ihre Ausrüstung, sondern auch die Fahrt ins Heilige Land und wieder zurück aus ihren eigenen Mitteln finanzieren. Nach ihrer Rückkehr waren sie deshalb oft hoch verschuldet und ihre Lehen schwer belastet. In vielen Berichten wird beschrieben, daß zahlreiche Ritter während des Kreuzzuges jede Gelegenheit zum Plündern wahrnahmen, um mit der Beute später ihre Schulden tilgen zu können. Auf Familien von Rittern, die im Heiligen Land gefallen waren, wartete häufig große Not. Ritterwitwen mit kleinen Kindern waren oftmals finanziell kaum abgesichert und vom Wohlwollen ihrer Sippen abhängig. Eine gierige Verwandtschaft versuchte nicht selten, das Lehen des toten Ehemannes an sich zu reißen.

Nach ihrer Rückkehr wurde den Kreuzrittern oft klar, daß ihre Opfer zu keinem dauerhaften Erfolg geführt hatten. Sie hatten ihr Leben eingesetzt, doch die Kreuzzüge erwiesen sich politisch gesehen als Mißerfolg. Die Kreuzfahrer-Staaten im Heiligen Land waren nur kurzlebig, und bald beherrschten wieder die Muslime das umkämpfte Jerusalem.

Das Mißlingen der Kreuzzüge schwächte nicht nur das Rittertum, sondern auch die Stellung des Papstes und seine politischen Ansprüche auf eine Vormachtstellung. Unter den folgenden Auseinandersetzungen zwischen Papst und Kaiser, der weltlichen und der geistlichen Macht, litt auch die einst so hoch bewertete religiöse Komponente im ritterlichen Tugendkanon. Ernüchterung machte sich breit, und die besondere Position der Ritter im Feudalsystem des Abendlandes wurde zusammen mit dem ritterlichen Ehrenkodex immer stärker in Frage gestellt. Am Ende dieser Entwicklung fühlten sich zahlreiche Ritter mehr den eigenen Interessen als einem idealen Ritterleben im Dienste der Kirche und der Gemeinschaft verpflichtet. Sie wollten nur noch ihre Macht und ihren Reichtum vermehren.

Wirtschaft im späten Mittelalter

Weitere Gründe für die Krise des Rittertums waren die wirtschaftliche Situation des späten Mittelalters und zahlreiche Neuerungen in der Kriegsführung. Die Krise der Landwirtschaft beeinträchtigte die wirtschaftliche Grundlage der Ritter. Ihr Einkommen wurde überwiegend von den leibeigenen Bauern ihres Lehens erwirtschaftet und bestand somit aus Naturalien. Um an Geld zu gelangen, mußten sie ihre Produkte in den nahen Städten gegen bare Münze verkaufen oder mit Händlern kooperieren. War die Not besonders groß, wurden auch Teile des Lehens verpfändet, um rasch Bargeld zu erhalten. Manchmal verpachteten sie auch Teile des Ackerlandes an Bauern, die ihre dort angebauten Erzeugnisse selbständig auf Märkten anbieten durften und im Gegenzug eine regelmäßige Pacht zahlen mußten. Andere Einnahmequellen konnten Geschenke des Lehnsherrn oder Zölle sein. Transportierten beispielsweise Händler ihre Waren über Straßen oder Flüsse im Lehen eines Ritters, mußten sie Zölle zahlen.

Ritter, die sich stark an ihren Lehnsherrn anschlossen oder sogar am Hof der Fürsten einen Unterschlupf fanden, konnten leichter als Ritter mit einem Wunsch zur Unabhängigkeit Teil des Geldkreislaufs werden und auf Dauer ihren Standard halten, denn die Fürsten nahmen Steuern ein und hatten das Recht, Münzen zu prägen. Um bei Hofe anzukommen, waren jedoch weniger die Kampfbereitschaft, sondern mehr Bildung und diplomatisches Geschick gefragt. Diesen Anforderungen konnte nur eine Minderheit von Rittern entsprechen. Für viele Ritter wurde es zunehmend schwieriger, das für den Lebensstandard notwendige Geld zu beschaffen. Sie suchten nach Auswegen, und mancher Ritter wurde durch Raubzüge und Plünderungen zum Raubritter. Zum Geldverdienen war Phantasie gefragt, und es mußten Vorurteile angebaut werden. Es gab Ritter, die sogar ihre ehemaligen Feinde zu Partnern machten: Sie ließen sich von den früher von ihnen so verachteten Städten anstellen.

Ritter Hennerle von Streif zum Beispiel hegte gegen die Stadt Worms einen großen Groll, denn die Bürger hatten es gewagt, zwei mit ihm befreundete Ritter wegen ständiger Überfälle zu hängen. Er brachte andere Ritter auf seine Seite und erklärte der Stadt 1373 den Krieg. Zusammen zogen sie plündernd durch das Wormser Umland, drangsalierten die Bauern und zündeten die Scheunen mit den Erntevorräten an. Um endlich Ruhe zu finden, nahm die Stadt zähneknirschend mit Ritter Hennerle Kontakt auf und stellte ihn für 200 Gulden jährlich an. Er erhielt von den Wormser Bürgern die ehrenvolle Aufgabe, sich um die Verteidigung der Stadt zu kümmern und regelmäßig die Verteidigungsanlagen zu inspizieren. Auf diese Weise konnte er nun seine Fähigkeiten nützlich einsetzen.

Neuheiten im Militärwesen

Vollends zerstört wurden das Selbstwertgefühl der Ritter und ihr Kampfgeist durch Neuentwicklungen im Militärwesen, insbesondere den Einsatz von neuartigen Waffen. Gefürchtet war beispielsweise die Durchschlagkraft der Armbrust, für deren Bolzen eine Ritterrüstung kein Hindernis darstellte. Zwar stellte die Kirche die Armbrust 1139 unter ihren Bann, da sie allgemein als unritterlich und heimtückisch galt, doch ließ sich die Entwicklung neuerer, stärkerer Waffen dadurch nicht aufhalten.

Ritterheere waren als Reitereinheiten noch im Hochmittelalter jedem Heer von Fußsoldaten überlegen, da sie durch ihre Panzerung und die hohe Beweglichkeit der Pferde kaum zu besiegen waren. Erst wenn Ritter im Kampfgetümmel vom Pferd stürzten, konnten ihnen Fußsoldaten gefährlich werden. Neue technische Entwicklungen werteten allerdings im späten Mittelalter die Fußsoldaten gegenüber den Rittern auf. Eine Wende brachte der Hundertjährige Krieg (1337–1453) zwischen England und Frankreich. Vor der Schlacht von Crécy im Jahre 1346 war es auch bei großer Übermacht Fußsoldaten praktisch unmöglich, ein Ritterheer zu besiegen. Doch bei dieser Schlacht waren englische Bogenschützen erfolgreich: Die Pfeile ihrer Langbogen konnten die Rüstungen der französischen Ritter durchschlagen und damit die Schlacht entscheiden. Der Sieg war zwar nach dem Ehrenkodex der Ritter unritterlich, denn es wurde nicht in einem ehrlichen Zweikampf Mann gegen Mann, sondern mit Fernwaffen gekämpft. Für den alles entscheidenden Ausgang der Schlacht war der Ehrenkodex jedoch ohne Bedeutung.

Weitere Niederlagen für Ritterheere brachte die Kampftaktik der Schweizer Gewalthaufen. Sie verfügten über sehr lange Pieken und Hellebarden, die vor einer Attacke einfach dicht gedrängt in den Boden gesteckt wurden. Die Pferde rasten so gegen eine Wand aus scharfen Spießen. Da sich ein solcher Kampf hauptsächlich gegen die Pferde und weniger gegen die Ritter richtete, galt er ebenfalls als unritterlich. Er hatte jedoch Erfolg, denn ohne sein Pferd war ein Ritter wegen der schweren Rüstung wenig beweglich und den Fußsoldaten unterlegen.

Zum endgültigen Niedergang trug schließlich die Einführung der Feuerwaffen entscheidend bei. Jetzt dominierte nicht mehr der Kampf Mann gegen Mann, sondern die Truppen beschossen sich aus der Entfernung und konnten sich nicht mehr wie ehrbare Ritter in die Augen schauen. Der Tod durch die Kugeln kam meist plötzlich und unvorbereitet, und keine Rüstung hielt ihnen stand. Dennoch wurden trotz aller Waffenentwicklungen die Rüstungen immer prachtvoller. Sie waren zu reinen Statussymbolen geworden, um bei Turnieren und Paraden Eindruck zu machen.

Der neue Krieg

Mit dem Beginn des Spätmittelalters wurden Kriege immer weniger ritterlich geführt. Schlachten wurden zum Beispiel nicht mehr wie zuvor verabredet, um die Zivilbevölkerung zu schonen, sondern der Gegner sollte durch Überraschungsangriffe vernichtet werden. Kriegslist und Spionage gewannen an Bedeutung, denn das Schlachtenglück sollte für den Angreifer berechenbar bleiben. Hinterhalte, die bei Rittern des Hochmittelalters als verpönt galten, gehörten von nun an zur Taktik. Während im Hochmittelalter ein Ritterheer zufrieden war, wenn sich ein Gegner geschlagen gab und abzog, gehörte es im Spätmittelalter immer mehr zur Kampfstrategie, einen bereits geschlagenen Gegner zusätzlich zu verfolgen und zu vernichten.

Mit der neuen Kriegsführung des Spätmittelalters begann auch die Zeit der Söldnerheere, die schneller als Ritterheere mobilisiert und besser als diese kontrolliert werden konnten. Söldner wurden nicht mit einem Lehen bezahlt, sondern erhielten einen regelmäßigen Sold. Außerdem kämpften Söldner ohne die Treueverpflichtungen der Ritter ausschließlich gegen Geld. Bot ihnen der Gegner mehr Geld, liefen sie oft bedenkenlos zu ihm über. Den finanziellen Aufwand für ein Söldnerheer konnten sich allerdings nur die Fürsten leisten. Sie erhielten von ihren Untertanen regelmäßige Steuereinnahmen und verfügten durch die Fortschritte im Bergbau häufig über Edelmetalle, um Münzen für den Sold prägen zu lassen. Im Spätmittelalter brachen deshalb immer mehr

Ritter mit großer Kampferfahrung aus finanzieller Not ihre Treuever-
sprechen gegenüber ihrem Lehnsherrn und wurden Söldner. Aus den
Lehnsrittern waren nun Soldritter geworden.

Ritter als Söldner

Ritter als Söldner gab es bereits recht früh. König Heinrich I. von England schloß zum Beispiel 1103 mit Graf Robert von Flandern einen Vertrag, um von ihm Ritter für kriegerische Auseinandersetzungen auszu-
leihen. Der Graf erhielt jährlich 400 Mark Silber und stellte dafür rund
1000 Ritter zur Verfügung. Die ritterlichen Söldner aus Flandern wurden
vom englischen König mit Schiffen abgeholt, erhielten ihre Verpflegung
und Ersatz bei Material- und Waffenverlusten. Beide Vertragsparteien
waren mit dem Abkommen zufrieden, so daß ihre Nachfolger den Vertrag 1163 noch einmal verlängerten. Sogar der englische König Richard
Löwenherz, Inbegriff eines Ritters, beschäftigte in seinem Heer Söldner,
die vorher meist Räuberbanden angehört hatten. Der ehemalige süd-
französische Bandenführer Mercadier brachte es zum Beispiel zu einem
Vertrauten des Königs. Gute Verdienstmöglichkeiten bewogen allerdings nicht nur Ritter, Söldner zu werden. Im 12. Jahrhundert, als die
Stellung der Kirche noch unangefochten war, hätte zum Beispiel niemand vermutet, daß der Söldner Wilhelm von Cambray zuvor Priester
gewesen war.

In Frankreich besetzten schon im 13. Jahrhundert manche Lehns-
herren nach dem Rückfall eines Lehens an sie, zum Beispiel wenn der Inhaber des Lehens ohne Erben verstarb, dieses nicht mehr neu, sondern
verkauften die Ackerflächen gewinnbringend an Bürger. Die Aufgaben
des »eingesparten« Ritters übertrugen sie dann an Söldner, die sie mit
dem eingenommenen Geld gut bezahlen und gleichzeitig besser als ihre
Ritter kontrollieren konnten.

Ritter, die von der Wirtschaftskraft ihres Lehens nicht standesgemäß
leben konnten und auch nicht Söldner werden wollten, hatten im Spätmittelalter also nur wenige Alternativen: Entweder sie kamen am Hof eines Fürsten unter, oder sie wurden, wenn sie weiterhin ein unabhängiges
Leben führen wollten, Raubritter.

Adelige Streithähne

In der Regel pflegten und kultivierten Ritter ein sehr ausgeprägtes Selbstbewußtsein und Standesdenken. Sie waren vom Wert ihrer Person und der Idee des Rittertums übezeugt und lebten nach dieser Überzeugung. Eine Beleidigung ihrer Ehre konnte zum Beispiel nur durch einen Kampf gesühnt werden. Sogar ein mühsam ausgehandelter, friedensfördernder ritterlicher Ehrenkodex und Friedensregeln der verschiedenen Rittergenossenschaften für ihre Mitglieder konnten hier keine dauerhafte Abhilfe schaffen. Einem möglichen Kampf ging ein Ritter nicht aus dem Weg, sondern er suchte ihn sogar. Manche Ritter boten dem Standesgenossen hohe Geldpreise an, der es wagte, gegen sie zu kämpfen.

Arme Ritter

Mancher arme Ritter griff bei solchen Gelegenheiten gerne zu und verknüpfte das ritterliche Kräftemessen mit dem Geldverdienen. Nach einem Sieg im Kampf konnte der Sieger auch den unterlegenen Gegner als Geisel nehmen, um Lösegeld zu erpressen. Eine weitere Verdienstquelle boten Turniere. Siegreiche Ritter konnten nach einem Duell sowohl das Pferd als auch die Ausrüstung des unterlegenen Gegners für sich beanspruchen und später auch verkaufen. Zwar brachte es viel Ehre ein, wenn der Sieger auf eine solche Beute verzichtete, doch ein armer Ritter konnte sich eine solche Großzügigkeit selten leisten und übernahm die Beute. Die Teilnahme an Turnieren war für manche Ritter sogar eine wichtige Verdienstquelle.

Die sogenannten Raubritter waren Meister darin, einen Grund für kriegerische Auseinandersetzungen zu finden, um dann möglichst viel Beute zu machen und Lösegeld zu erpressen. Gab es bei den Streitigkeiten anderer auch nur die geringste Möglichkeit, Geld zu verdienen, mischten sie sich sofort ein. Sie behaupteten dann, den Streit im Auftrag einer nicht anwesenden Person klären zu müssen. Viele Raubritter pflegten bei ihren Aktionen geradezu besondere Vorlieben und Eigenarten. Ritter Wolff von Wunnenstein wurde zum Beispiel der »gleißende Wolf« genannt, weil er sich gerne den Schmuck umhängte, den er kurz vorher reichen Damen abgenommen hatte. Manche Raubritter genossen offensichtlich ihre Grausamkeiten und prahlten später mit ihren Taten. Ritter Kuntz von Rosenberg verniedlichte seine Brutalität geradezu, als er prahlerisch voller Stolz verkündete, er habe einem Kaufmann mit dem Hammer durch den Schädel hindurch geschlagen und ihm dabei »nur« kurz einmal auf den Rücken gehauen. Von Markgraf Albrecht von Brandenburg ist die Drohung überliefert, er werde demnächst auf der Burg eines Feindes ein solches »Feuerchen« legen, daß auch ungeborene Kinder im Leib der Mutter ihre Füße einzögen. Vermutlich hatte der Markgraf ein Talent für kernige Sprüche, denn er antwortete bei einer anderen Gelegenheit auf die Frage einer Geisel, die nach der Gefangennahme aufgeregt einen Ruheplatz suchte: »Was man nicht hinlegen kann, soll man besser gleich aufhängen.«

Das Fehde(un)wesen

Fehden waren Privatkriege zwischen Adeligen und ihren Sippschaften. Die Ursachen dafür waren häufig trivial; nicht selten suchte jemand einfach nur Streit, und die eigene Ehre erzwang dann eine Reaktion. Wichen Bauern, Bürger oder Händler einem Ritter auf der Straße nicht aus, konnte auch gegen sie eine Fehde ausgerufen werden. Ein arroganter sächsischer Ritter soll zum Beispiel einmal im Spätmittelalter unbeabsichtigt von den Rädern eines fahrenden Bauernkarrens mit Dreck bespritzt worden sein. Er fürchtete um seine teuren Kleider und wurde so wütend, daß er den Bauern von seinem Karren stieß und mit dem Schwert so lange auf ihn einhieb, bis ein Bein abgetrennt war.

Viele Fehden entstanden, weil ein Ritter einer adeligen Dame die Ehe versprochen und die Absprache anschließend nicht eingehalten hatte. Manche Fehde wurde sogar vererbt, und spätere Generationen waren sich dann nicht mehr sicher, warum sie überhaupt gegeneinander Krieg führten. Geradezu als fanatisch zu bezeichnen ist eine jahrelang von Generation zu Generation weitergereichte Fehde zwischen den Herzögen von Lothringen und den Grafen von Holland. Ein Geschichtsschreiber berichtete 1015, daß wegen ihr bereits ganze Dörfer entvölkert worden waren und die Menschen Hunger litten.

Auch Fehden folgten einem bestimmten ritterlichen Protokoll. Größere Fehden wurden häufig schriftlich durch einen Fehdebrief angekün-

Der Viehraub spielte eine wichtige Rolle im Zusammenhang mit Fehden
(Spiezer Schilling, Anfang 16. Jahrhundert)

digt. Es war aber auch möglich, daß ein Bote mit einem gezogenen Schwert vor der Zugbrücke drohte und damit dem Gegner die Fehde erklärte. Herzog Wilhelm von Bayern liebte es spektakulär und schickte 1519 zehn Edelknaben sowie drei Trompeter zu Herzog Ulrich von Württemberg, um diesem in feierlichem Zeremoniell eine Fehde zu verkünden. Herzog Ulrich reagierte nicht etwa ängstlich, sondern empfing die Abgesandten ebenfalls feierlich mit einem Willkommenstrunk und gab ihnen zum Abschied noch ein Trinkgeld. Sein Zeremonienmeister hatte sie vorher noch mit den Worten »Wohlan denn, seid willkommen in des Teufels Namen!« begrüßt. Zur Bestätigung des angedrohten Krieges schickte Herzog Ulrich ebenfalls eine Delegation von Edelknaben und Trompetern mit einem Schriftsatz zu seinem zukünftigen Gegner. Herzog Wilhelm empfing und bewirtete die Abgesandten nach alter ritterlicher Sitte betont freundlich. Zum Abschied war Herzog Wilhelm allerdings noch spendabler als sein neu gewonnener Feind und schenkte den Abgesandten insgesamt 16 Golddukaten.

Häufig lagen Ritter auch mit Städten im Streit; besonders, wenn in einer Stadt viele Kaufleute lebten und bei dem Streit Geld zu holen war. Der Stadt Frankfurt erklärten zum Beispiel zwischen 1381 und 1425 insgesamt 108 Ritter die Fehde. Die Stadt Köln besitzt in ihren Archiven noch heute über 700 Fehdebriefe, die ihr von 1330 bis 1360 zugestellt wurden. Lag ein Fehdebrief vor, kam es in der Regel drei Tage später zum Privatkrieg. Stadtbürger mußten nun vorsichtig sein, denn sie wurden außerhalb der Stadtmauern bei jeder sich bietenden Gelegenheit überfallen und ausgeraubt. In jedem Fehdebrief wurde, um Drohungen zu unterstreichen, ausführlich beschrieben, zu welchen Schandtaten man bereit war und was man dem Gegner in Zukunft alles anzutun gedachte.

Ein Raubritter mit guten Nerven

Die vermögende Handelsstadt Nürnberg lag für lange Zeit mit zahlreichen deutschen Fürsten und Rittern in Fehde. In der Stadt lebten viele »Pfeffersäcke«, wie Kaufleute abfällig bezeichnet wurden, bei denen etwas zu holen war. Ihre Wagenkolonnen mit Handelsgütern waren beliebte Beute der Raubritter.

Ritter überfallen Kaufleute auf dem Weg zur Frankfurter Messe 1473
(Luzerner Schilling, Anfang 16. Jahrhundert)

Ein besonderer Feind der Kaufleute war der Raubritter Eppelein von Geilingen. Der Gedanke an ihn soll noch heute die Nürnberger wütend machen. Über Ritter Eppelein wird folgende Begebenheit erzählt: Die Kriegsknechte der Stadt hatten ihn 1377 nach langer Verfolgung mit einem großen Aufgebot endlich gefaßt und wollten ihn nun auf der Stadtmauer aufhängen. Als letzte Bitte äußerte Ritter Eppelein den Wunsch, noch einmal auf seinem Streitross sitzen zu dürfen. Die Nürnberger stimmten ahnungslos zu und setzten den Raubritter gefesselt auf sein Pferd. Doch Ritter Eppelein war mutig und hatte eiserne Nerven. Er rammte seinem Streitross mit aller Kraft die Fersen in den Körper, so daß es sich aufbäumte, über die Zinnen der Mauer sprang und 16 Meter tief in einen Wassergraben stürzte. Ritter Eppelein konnte unverletzt fliehen. Danach machte im Deutschen Reich ein Spruch die Runde: »Die Nürnberger hängen keinen, es sei denn, sie hätten ihn.« Auch nach seiner Flucht konnte Ritter Eppelein seine Raubaktivitäten nicht lassen. Die Raubritterlust »juckte« ihn nach Aufzeichnungen weiter. Chronisten bewunderten sogar seinen Mut und unterstrichen, daß er bei der Beute stets tapfer zugegriffen habe. Erst im Alter von siebzig Jahren wurde Ritter Eppelein in der Oberpfalz erneut erwischt. Sein Spürsinn hatte ihn verlassen, und diesmal halfen ihm keine Tricks; der Hass der Nürnberger war zu groß. Auf dem Rad wurden ihm zunächst die Knochen zerschlagen, um ihn anschließend noch einmal zu vierteilen.

Um die Gefangennahme von Raubrittern zu beschleunigen, setzten viele Städte eine Fangprämie aus. Sollte er lebend gefaßt werden, boten beispielsweise die Augsburger für den rittermäßigen Räuber Kraft Waaler 1500 Gulden und für seine Leiche immerhin noch 1000 Gulden.

Stadtbürger, die mit Raubrittern unter einer Decke steckten, waren wie ihre adeligen Kumpane ebenfalls nicht gerade zimperlich. Werner Rosshaupt, ein Bürger der Stadt Ulm, war im frühen 15. Jahrhundert über einen Boten der Nürnberger so erzürnt, daß er ihm einfach die Nase abschnitt. Die Nürnberger sannen sofort auf Rache und versuchten, Rosshaupt zu fangen. Außerdem boten sie demjenigen 1000 Gulden, der die Leiche von Rosshaupt nach Nürnberg bringe. Eine Belohnung von 2000 Gulden wurde dem versprochen, der Rosshaupt lebend, und sei es nur in den letzten Atemzügen, ablieferte. Rosshaupt flüchtete sich zu seinen

Verschiedene Strafen: Verbrennen, Hängen, Ausweiden, Blenden, Rädern,
Auspeitschen, Enthaupten und Handabschlagen
(Holzschnitt, Anfang 16. Jahrhundert)

Freunden, den Raubrittern, die sich der Angelegenheit annahmen und weitere Geldforderungen an die Nürnberger stellten.

Chaos im Spätmittelalter

Im Spätmittelalter wurden Fehden immer stärker ausgeweitet, und nicht nur Ritter, sondern auch Fürsten, Bischöfe, Äbte und sogar Städte stritten sich in kriegsähnlichen Zuständen miteinander. Bei größeren Fehden schlossen sich einzelne Ritter zu Gruppen zusammen, denn dadurch ergaben sich gute Möglichkeiten, durch Plünderungen Geld zu verdienen. War die Wut besonders groß, wurden für Belagerungen keine Kosten gescheut. Manche Ritter kämpften solange gegeneinander, bis sie und ihre Sippe ruiniert waren. Städte verstärkten bei einer drohenden Fehde ihre Verteidigungsanlagen und mobilisierten ihre Bürger. Traf dann der Fehdebrief in der Stadt ein, wurden die Bürger sofort informiert und der Rat der Stadt mit Glockengeläut zusammengerufen. Auch Bewohner aus ungeschützten Dörfern in der Umgebung versuchten nun, in der Stadt Zuflucht zu finden. Möglichst viele Vorräte wurden umgehend angelegt und Waffen an Männer mit Kampferfahrung ausgeteilt. Eilig wurden alle Beobachtungstürme besetzt, um die Umgebung im Blick zu behalten. Der meist landwirtschaftlich genutzte Stadtgraben wurde geflutet und damit wieder seinem eigentlichen Zweck zugeführt.

Ritter machten sich häufig über solche hektischen Aktivitäten lustig, denn Stadtbürger waren für sie »Angsthasen«. Kaum ein Stadtbürger besaß den kämpferischen Trainingsstand der Ritter, so daß sie für Ritter nur in Gruppen gefährlich waren. Im harten Einzelkampf waren sie einem Ritter unterlegen. Größere Städte beschäftigten deshalb teuere Söldnergruppen oder bezahlten gefürchtete Raubritter, die für hohe Geldsummen ihre militärischen Dienste und Erfahrungen anboten. Gegen Verräter in den eigenen Reihen gingen viele Städte hart vor. Einem Bauern, der im Verdacht stand, ein Spion zu sein, zündeten einmal städtische Söldner das Haus an. Als sich der Mann mit seiner Familie retten wollte, wurden alle mit Waffen in das brennende Haus zurückgetrieben und verbrannten jämmerlich.

Geheime Nachrichtendienste

Um eine Fehde in den Griff zu bekommen, bauten sich sowohl betroffene Städte als auch Ritter oft ein eigenes Netz von Spionen und Zuträgern auf. Diese verkleideten sich als Bettelmönche, wandernde Handwerksburschen oder Spielleute und zogen durch die Lande, um zu beobachten und Informationen zu sammeln. Auf dem Gebiet der Fehdegegner mußten sie allerdings vorsichtig sein, denn auch die Feinde hatten ihre Zuträger. Geld floß reichlich, um Informationen zu kaufen oder um die Feinde der Feinde für sich zu gewinnen. Leibeigene Bauern erhielten besondere Vergünstigungen und Geschenke, wenn sie genau hinschauten und ihrem Herrn alle verdächtigen Beobachtungen meldeten. Auch die Dienste fahrender Sänger wurden gerne in Anspruch genommen. Diese Minnesänger konnten während ihrer Darbietungen völlig unverdächtig Burgen beobachten und erhielten eine Belohnung, wenn sie beispielsweise Schwächen in den Verteidigungsanlagen ausfindig machten und später ihrem Auftraggeber meldeten.

In den Fängen der Raubritter

Das Raubritterwesen begann nicht erst im Spätmittelalter, sondern läßt sich allgemein in der Zeit vom 9. bis zum 16. Jahrhundert beobachten. Am Anfang wurden allerdings nur einzelne kriminelle Ritter aktiv, die auch unabhängig von einer Fehde plündern oder Händler überfallen wollten. Zur Plage entwickelten sich die Raubritter erstmals nach dem Ende der Stauferherrschaft. Damals begann eine schwierige kaiserlose Zeit, das Interregnum von 1256 bis 1273. Während dieser Zeit war das Reich ohne zentrale Herrschergewalt. Jeder Landesherr vertrat nun seine eigenen Interessen, und die Ritter konnten in einem bisher unbekannten Ausmaß tun und lassen, was sie wollten. Erst Rudolf von Habsburg setzte nach seiner Wahl 1273 neue Impulse, beseitigte das Unwesen der zahlreichen Fehden und brachte wieder Ordnung in das Deutsche Reich.

Mit dem Niedergang des Rittertums im Spätmittelalter kam es zu einem Höhepunkt des Raubrittertums. Waren es zuvor nur sporadische

Einzeltaten weniger Raubritter gewesen, wurde nun das Rauben und Morden ganzer Raubrittergruppen fast zu einem Dauerzustand. Der Kartäusermönch Werner Rolevinck schrieb 1478 desillusioniert:

> Rauben und Morden,
> Das ist keine Schand,
> Das tun die Besten
> Im ganzen Land

Außerhalb des Deutschen Reiches waren die Raubritter weniger aktiv. In England und Frankreich herrschte bereits gegen Ende des Mittelalters eine starke Zentralgewalt, die erfolgreich gegen räuberische Ritter vorgehen konnte. Im politisch zerrissenen Deutschen Reich wurde die Kriminalität dagegen zeitweise unbeherrschbar. Im 15. und 16. Jahrhundert war beispielsweise in Deutschland das Reisen ohne Schutz für vermögende Leute lebensgefährlich. Ein römischer Kardinal verglich damals sogar ganz Deutschland mit einer »Räuberhöhle«.

Niedergang der Ideale

Verarmte Ritter wurden im Spätmittelalter immer häufiger zu Raubrittern. Sie sahen nur noch den schnellen Gewinn und weniger die ritterlichen Ideale ihrer Ahnen. Ihr Ruf in der Bevölkerung begann mehr und mehr zu leiden. Für Raubritter kannte der Volksmund verschiedene treffende Ausdrücke: Sie wurden zum Beispiel »Ritter vom Kuhmist«, »Mordbuben«, »Schnapphähne« oder »Heckenreiter« genannt. Meist kamen Raubritter aus dem niederen Adel oder der ritterbürtigen Bevölkerung. Es waren überwiegend Adelige, die es nicht geschafft hatten, am Hofe der Fürsten unterzukommen, Befehlshaber von Söldnerheeren zu werden oder in der Stadt Karriere zu machen. Ihr Lebensstil unterschied sich nach ihrem gesellschaftlichen Niedergang häufig kaum noch von dem der Bauern. Nicht selten kam es vor, daß ihre Kinder sogar Kinder reicher Bauern oder Bürger heirateten. Je ärmer allerdings manche Familien der Raubritter waren, desto höher scheint ihr Standesdünkel gewesen zu sein; ihr Vermögen war zwar dahin, doch der Wunsch nach Ehre war geblieben. Überzeugte Raubritter schätzten insbesondere die ursprüngliche Freiheit des Ritterstandes und wollten sie auf keinen Fall einer Abhängigkeit von Fürsten oder Städten opfern.

Manche Raubritter waren sogar im Gegensatz zur Mehrheit ihrer Standesgenossen hoch gebildet und kulturell interessiert. Der edle Ritter Hans aus dem Geschlecht der Fraunberger zum Beispiel war zwar kriminell, doch er hinterließ der Nachwelt eine der 24 heute bekannten Pergamenthandschriften des Nibelungenliedes. Und der Ritter Jakob Püterich von Reichartshausen besaß eine für seine Zeit sensationelle Bibliothek mit insgesamt 164 Bänden deutscher Literatur und Dichtung. Gefangene Kaufleute mußten für ihn Verse von Walther von der Vogelweide rezitieren. Machten sie Fehler, brachte er sie kurzerhand um.

Ritterschicksale

Der von Goethe verehrte Ritter Götz von Berlichingen war selbst zeitweise Raubritter und schätzte es, an den Saufgelagen seiner Standesgenossen teilzunehmen, die regelmäßig nach erfolgreichen Beutezügen veranstaltet wurden. Er verfügte über schriftstellerische Qualitäten und hinterließ Aufzeichnungen über das Schicksal von Raubritterkindern:

Aus der Wiege gerissen, werden die Knaben im fünften Lebensjahr schon auf den Sattel gebunden und auf hohe Rosse gesetzt. Sie reiten mit den anderen erwachsenen Rittern zusammen oft mehrere Tagesreisen weit. Während die Erwachsenen ruhen, werden die Knäblein ohne Gnade und Barmherzigkeit im Miste vergraben und müssen dort verbleiben, bis der Stallmeister kommt. Inzwischen sind sie von den Rossen genässt, über und über mit Pferdeäpfeln bedeckt, zerbissen und von Hufen getreten. Nun zeigt sich, ob was Tüchtiges aus ihnen wird. Es setzt Prügel und Schelte, und die Kleinen werden im zarten Alter schon übel geschunden. Da herrscht eine Zucht wie an Fürstenhöfen zu Kriegszeiten.

Sind die Knaben dann größer und kräftiger, dann werden sie mit dem Schwert gegürtet, sie erhalten Schild, Bogen und Schwert, und bald ziehen sie, dem Galgen geweiht, mutig ins Feld. Gewinnen sie die Oberhand, gut. – Verlieren sie aber, dann henkt man sie und keiner kümmert sich um sie. Ihre Anführer werden mit dem Schwert hingerichtet oder, falls sie es besonders toll getrieben, aufs Rad geflochten. Wenn sie aber gewonnen haben, dann singen sie ...

Ulrich von Hutten, ein hochgebildeter Ritter und Humanist, sah die Aktivitäten der Raubritter aus einer anderen Sicht und völlig ohne den für Ritter üblichen positiven Blick auf das Freiheitsdenken und die geliebten Abenteuer. Er schilderte die Folgen des Raubrittertums für seine Standesgenossen:

Sowie ich nur einen Fuß aus meiner Burg setze, droht Gefahr, daß ich auf Leute stoße ..., diese mich anfallen und gefangen wegführen. Wenn ich Pech habe, so kann ich die Hälfte meines Vermögens als Lösegeld drangeben. Wir halten uns deshalb Pferde und kaufen uns Waffen, umgeben uns auch mit einer zahlreichen Gefolgschaft, was alles schweres Geld kostet. Dabei dürfen wir uns nicht erlauben, zwei Äcker lang unbewaffnet zu gehen. Wir dürfen ohne Waffen keinen Besuch machen, bei Jagd und Fischfang müssen wir eisengepanzert sein. Und zwischen wem spielt sich das alles ab? – Nicht etwa zwischen Fremden, nein, zwischen Verschwägerten, Verwandten, Vettern und selbst zwischen Brüdern.

Um Geld zu verdienen, entwickelten Raubritter eine schier unerschöpfliche Phantasie. Nach alter Rittersitte durfte nach einem Kampf der Sieger plündern, und diese Gelegenheit wurde immer wieder von ihnen gesucht. Es war für sie leicht, einen Kampf zu provozieren, um anschließend sofort zu plündern. Gerne nahmen Raubritter auch vermögende Bürger oder reiche Standesgenossen gefangen und erpreßten anschließend von deren Angehörigen Lösegeld, um die dauerhaft leere Kasse zu füllen. Begehrtestes Ziel waren jedoch Kaufmannszüge, die teure Waren und Bargeld mit sich führten. Im späten Mittelalter nahm der Fernhandel zu, und Kaufmannswagen waren immer öfter unterwegs. Größere Wagenkolonnen wurden meist von bewaffneten Söldnern begleitet, so daß Raubritter für einen erfolgreichen Überfall List und Mut einsetzen mußten. Ein Überfall verlief selten ohne Kampf, doch für einen echten Raubritter bedeutete dies kein Hindernis.

Auf dem Weg zum Überfall

Entlang der großen Handelswege, zum Beispiel an Flüssen und Fernstraßen, reihten sich auf unzugänglichen Felsen oder versteckt in tiefen Wäldern die meist kleinen Raubritterburgen aneinander. Von dort aus

Plünderung eines Dorfes durch Raubritter (Federzeichnung, um 1480)

zogen die Raubritter regelmäßig in kleineren Gruppen zu den zentralen Verkehrswegen, um dort große Kaufmannszüge zu überfallen und auszurauben. Unterwegs durften sie jedoch nicht auffallen, denn das Überraschungsmoment war ihre stärkste Waffe. Heimlichkeit und Verschwiegenheit waren deshalb gefragt.

Waffen wurden meist unauffällig und versteckt mitgeführt, während oft ein weiter, dunkler Mantel mit Kapuze die Rüstung verdeckte. Zufällige Passanten, die den kleinen Gruppen der furchterregenden Männer begegneten, sollten sie später nur schwer beschreiben können. Waren »normale« Ritter auf Reisen meist sehr farbenprächtig gekleidet und zeigten schon von fern, welch edlem Stand sie angehörten, war es bei den Raubrittern eher umgekehrt: Sie wollten in der Öffentlichkeit so wenig wie möglich auffallen. Manche verdeckten ihr Gesicht sogar mit Tüchern und unter tiefen Hutkrempen. Waffen wurden in der Regel erst kurz vor einem Angriff gezogen und die bereits beim Annähern gespannte Armbrust bis zuletzt versteckt gehalten.

Die Pferde der Raubritter waren sorgfältig ausgewählt und gut dressiert. Ihre Schnelligkeit war gefürchtet. Auf engstem Raum konnten sie noch Kehrtwendungen vollziehen. Häufig erinnerten sich Kaufleute nach einem Überfall nur noch an die wendigen und schnellen Pferde, während sie sich die Gesichter der Raubritter nur schwer einprägen konnten.

Verlauf eines Überfalls

Hatte ein Raubritter mit seinen Gehilfen endlich eine Kaufmannskolonne entdeckt, die Vor- und Nachteile abgewogen und sich für den Überfall entschieden, liefen alle folgenden Aktionen mit großer Schnelligkeit ab. Nun zeigten sich die durch ständiges Kampftraining erworbenen Fertigkeiten. Das Vorgehen der Raubritter erklärt auch, weshalb der Volksmund sie »Heckenreiter« nannte: Mit Geschrei und gezückten Waffen griffen sie blitzschnell aus dem Hinterhalt eines dichten Gebüsches die Wagenkolonne mit den Gütern an. Die vor Schreck erstarrten Kaufleute mitsamt ihren Helfern wurden unter Drohungen sofort weg vom Weg in den tiefen Wald getrieben. Im Dickicht des Waldes war für die Überfallenen eine erfolgreiche Flucht nur noch schwer möglich. Die Opfer wurden nun an Bäume gefesselt und nach Wertgegenständen durchsucht. Gab es Widerstand, wurden die Betroffenen meist getötet oder zumindest schwer verletzt. Aus reiner Grausamkeit wurden ihnen auch Nasen und Ohren abgeschnitten oder Knochen gebrochen. Unter wüsten Drohungen hielten die Angreifer ihre Opfer ständig in einer Art Schockzustand. Den wichtigsten Kaufleuten wurde auch die flache Seite des Schwertes auf den Kopf geschlagen, um sie weiter einzuschüchtern und gefügig zu machen. Die Kaufmannswagen und ihre Ladung waren für die Besitzer zu diesem Zeitpunkt bereits verloren.

Zum Abschluß prüfte der Raubritter selbst, welcher Kaufmann möglicherweise für eine Lösegelderpressung geeignet war. Mancher Raubritter hatte dazu eine gute Menschenkenntnis entwickelt und konnte den Reichtum der Gefangenen gut abschätzen. Raubritter Mangold von Eberstein schrie beispielsweise einmal einen Kaufmann solange an und bedrohte ihn mit einem Spieß, bis der am ganzen Körper zitterte. Danach meinte er gelassen: »Du siehst ziemlich fett aus, da werde ich ein beachtliches Lösegeld herausschlagen.« Die Kaufmannsgehilfen wurden nach dem Überfall entweder sich selbst überlassen oder umgebracht. Spuren des Angriffs wurden nur selten beseitigt, denn der gesamte Überfall mußte schnell ablaufen, und die Täter verschwanden nach kürzester Zeit wieder.

Gefangene und Lösegeld

Alle für eine Erpressung ausgewählten Kaufleute wurden anschließend gefesselt, auf ein Pferd gesetzt und am Sattel festgebunden. Gab es nicht genügend Pferde, mußten sie sogar gefesselt neben einem Pferd herlaufen. Anschließend ging es manchmal einige Tagesreisen lang zu einer der versteckt liegenden Raubritterburgen oder zu anderen Verstecken, wo die Beute wie vorher abgesprochenen verteilt wurde. In einer für sie gefährlichen Umgebung ritten Raubritter oft mit einer gespannten Armbrust, die sie unter einem Mantel versteckt hielten. Beim geringsten Zwischenfall wurde dann ohne Warnung sofort geschossen.

Auf der Burg wurden die Opfer meist zuerst verprügelt, um möglichst viele Informationen aus ihnen herauszupressen. Gefangene wurden gequält, denn der Anführer der Raubritter wollte umgehend vieles wissen: An erster Stelle stand die Vermögenssituation seiner Opfer, um die Höhe der Lösegeldforderung festlegen zu können. Der mögliche wirtschaftliche Ruin der Opfer wurde bewußt in Kauf genommen. Nach weiteren Grausamkeiten wurden die Gefangenen zuletzt in Ketten gelegt und eingesperrt.

Einige qualvolle Tage und Nächte später setzten Opfer und Raubritter gemeinsam eine Schrift mit der Lösegeldforderung auf. Trotz meist zerschlagener Finger mußten die schreibkundigen Gefangenen selbst schreiben und ihre Familien anflehen, alle Ersparnisse zusammenzutragen. Für schreibunkundige Gefangene wurde oft der Schultheiß eines benachbarten Dorfes geholt, um das Schriftstück aufzusetzen. Anschließend begann für die Gefangenen eine schlimme Zeit. Unzureichend versorgt, häufig krank sowie nicht selten verletzt, lagen sie angekettet in ihren Verliesen. Viele starben während dieser Strapazen, so daß zahlreiche Raubritterburgen im Volksmund auch »Mordlöcher« genannt wurden. Wenn es nur wenig von ihnen zu erpressen gab, ließ man Gefangene oft einfach verhungern. Je länger sich die Angehörigen mit der Zahlung des Lösegeldes Zeit ließen, um so höher wurden die Forderungen, denn die Raubritter rechneten einfach eine Gebühr für Kost und Logis hinzu. Benötigte ein Raubritter dringend Bargeld, ließ er auch mit sich über die Höhe seiner Lösegeldforderungen verhandeln.

Hin und wieder wurden Gefangene als Freundschaftsdienst an andere, weniger erfolgreiche Raubritter abgetreten, die dann selbst eigene Lösegeldforderungen stellten. Von einem Kaufmann aus dem Vogtland wurde 1503 berichtet, daß seine reiche Familie trotz wiederholter Forderungen einfach nicht zahlen wollte. Der bedauernswerte Gefangene wurde deshalb von einem Raubritter zum nächsten weitergereicht. Jeder stellte erfolglos neue Lösegeldforderungen. Nach zahlreichen Quälereien verstarb der Kaufmann zuletzt in Gefangenschaft.

Viele Raubritter kümmerten sich nicht um das Schicksal ihrer Gefangenen und bemaßen deren Wert nach einem Kosten-Nutzen-Prinzip. Diese Einstellung zeigt sich in einem überlieferten Ausspruch des Götz von Berlichingen. Dieser überfiel einmal erfolgreich einen Handelszug und nahm gleich dreißig Kaufleute gefangen, die er nun für seine Lösegeldforderungen festsetzen mußte. Sein Verlies aber war nicht groß genug. Traurig bemerkte er: »Da hab ich Hühner und keinen Korb«. Dennoch hatten Raubritter auch ein Interesse daran, daß die Gefangenen trotz aller Torturen überlebten, denn nur ein lebender Gefangener brachte Lösegeld.

Nachrichtennetze der Raubritter

Um über geplante oder bereits zusammengestellte Kaufmannszüge rechtzeitig informiert zu sein, verbündeten sich Raubritter oft mit ihren »Kollegen« und bauten eine Art geheimen Nachrichtendienst auf. Kein Raubritter war mit seinen Knappen und Kriegsknechten allein aktiv, sondern stand zusätzlich mit einer Fülle von Zuträgern in Verbindung. Vor Lagerhallen in der Stadt oder an den Stadttoren warteten Handlanger und notierten alles, was ihnen bemerkenswert erschien. Wer ausritt und vermögend aussah, wurde sofort begutachtet und wenn nötig verfolgt, um weitere Informationen zu sammeln. Kundschafter wurden ausgeschickt, um Straßen und Flüsse zu kontrollieren und sofort Meldung zu machen. Auch im Umfeld wichtiger politischer und wirtschaftlicher Entscheidungszentren versuchten die Raubritter, ihre Spitzel und geheimen Zuhörer zu plazieren. In ländlichen Wirtshäusern und Herbergen saßen dunkle Gestalten und mischten sich unter die Gäste, um sie auszuhorchen. Mancher Wirt erhielt eine Prämie, wenn er heimlich den Zuträgern der Raubritter wichtige Nachrichten zusteckte. Sogar auf die Nachrichten der Dorfpfarrer wurde nicht verzichtet. Beteten Kaufleute in der Kirche für eine gute Weiterreise ohne Gefahren, und erbaten sie sich vielleicht anschließend noch von einem Pfarrer den Segen, dann konnte es passieren, daß sie damit einen großen Fehler machten. Mancher Pfarrer erhielt von den Raubrittern eine Spende, wenn er über Verbindungsleute Informationen über Kaufleute und ihre Warentransporte weitergab. Mit dem Wert der späteren Beute stieg dann die Spende. Alle diese Aktivitäten kosteten einen Raubritter viel Geld, so daß die Zahl der Raubzüge und die Höhe der Lösegeldforderungen stetig zunahmen.

Kirchenmänner mit Raubgelüsten

Im Spätmittelalter hatten die verlotterten Sitten des Rittertums auch den Klerus erfaßt. So gab es damals sogar Kirchenmänner, die selbst als Raubritter aktiv wurden und ihr Vermögen dadurch zu mehren suchten. Praktisch alle hohen Kirchenmänner entstammten dem Adel. Hatten Ritterfamilien mehrere Söhne, war es Tradition, daß einer dieser Söhne ein Kirchenamt übernahm und später mit seinen Beziehungen der Familie hilfreich zur Seite stand. Mit dem Niedergang des Rittertums nahm vermutlich auch das Ethos jener Söhne ab, so daß sie offenbar keine Gewissensprobleme hatten, trotz ihres geistlichen Amtes zu rauben.

Heinrich Graf von Henneberg zum Beispiel war im 13. Jahrhundert Domherr zu Würzburg und galt nach außen hin als ein vorbildlich frommer Mann. Doch zu manchen Zeiten vergaß er seine Frömmigkeit und wurde Raubritter. Der Graf überfiel dann reiche Bürger und erleichterte sie um ihr Hab und Gut. Wehrten sich diese Bürger, griff der nur manchmal fromme Raubritter zu einer wirksamen Methode: Er exkommunizierte sie einfach. Den Bürgern wurde damit der Segen der Kirche entzogen, und sie mußten, dem zukünftigen Höllenfeuer ausgesetzt, um ihr Seelenheil fürchten, was viele zum Einlenken bewog. Der Kölner Domherr Dietrich von Neuenahr predigte im frühen 15. Jahrhundert während seiner Gottesdienste seinen »Schäfchen« ein sittenstrenges Leben und ermahnte sie, die christlichen Gebote uneingeschränkt zu befolgen. Doch kaum hatte er seine Messe beendet, schlug er seine eigenen Ratschläge in den Wind und tat genau das Gegenteil: Er legte seine Rüstung an und begab sich mit seinen Kriegsknechten hauptsächlich in der Gegend von Moers auf Raubzüge.

Wenig ehrbare Nonnen

Ebenfalls im 15. Jahrhundert boten im Kloster Mariensee bei Hannover adelige Nonnen den Reisenden günstige Übernachtungsmöglichkeiten an. Doch in der Nacht wurden die Gäste heimlich bestohlen, oder es wurden ihnen Liebesdienste gegen Bezahlung angeboten. Als Herzog Wilhelm von Braunschweig den Sündenpfuhl endlich ausräumen ließ, flüchteten die Nonnen auf das Kirchendach und warfen mit Steinen. Erst als ihnen die Wurfgeschosse ausgingen, gaben sie auf und stiegen vom Kirchendach herab. Doch kapitulieren wollten sie auch jetzt noch nicht, und so schleuderten sie nun brennende Kerzen gegen den Vertreter des Herzogs. Als diesem hinten die Jacke brannte, soll er laut und gotteslästerlich geflucht haben. Geräumt wurde der Sündenpfuhl schließlich dennoch, und die Nonnen kamen in ein anderes Kloster.

Biographien von Raubrittern

Raubritter saßen im späten Mittelalter zwischen allen gesellschaftlichen Stühlen. Sie waren zwar adelig, doch die über ihnen stehenden Standesgenossen, die Fürsten und Landesherrn, wollten offiziell mit ihnen nichts zu tun haben. Manchmal klang allerdings im Verhalten des Hochadels ihnen gegenüber ein gewisses Wohlwollen durch. Markgraf Friedrich von Brandenburg warf einmal einigen Raubrittern aus seinem Herrschaftsgebiet nur ihre Brutalität und Mordlust vor und hatte keine Bedenken gegen ihre Räubereien; sie könnten die Taschen der Pfeffersäcke seiner Ansicht nach ruhig einmal schütteln, doch sollten sie sie nicht gleich »abmurksen«.

Gegenüber dem gemeinen Volk grenzten sich die Raubritter meist noch stärker ab als einst die edlen Ritter des Hochmittelalters. Zwar hielten sie eisern an ihren Privilegien fest, doch die ritterlichen Ideale wie die Unterstützung von Schwachen, Witwen und Waisen lagen ihnen fern; sie kämpften ausschließlich für sich selbst. Status und Lebensstil waren ihnen auch ohne den ethischen Inhalt der Vergangenheit wichtig, und für diese Vorstellungen wurden sie zu Räubern und Mördern. Gleichzeitig waren sie überzeugt, daß dieser Status sie schützte und unangreifbar machte. Margarete von Eberstein, Ehefrau eines Raubritters, stellte einmal gegenüber gefangenen Kaufleuten klar: »Wir Edelleute lassen einander nicht. Da richtet euch eben danach.«

Besondere Abneigung verspürten die Raubritter gegenüber den Kaufleuten, denn diese waren nach ihrer Sicht unerhört anmaßend, wagten sie es doch, mit ihrem Auftreten des Status eines Ritters zu kopieren und durch ihre finanziellen Möglichkeiten sogar noch zu übertrumpfen. Aus diesem Grund sahen es Raubritter für gerechtfertigt an, Kaufleute auszurauben.

Der Traum des Bauern vom Ritter

Dennoch strahlte sogar das Raubrittertum einen letzten Glanz aus, an dem auch das einfache Volk teilnehmen wollte. Der Dichter Wernher der Gartenaere schrieb wohl zwischen 1250 und 1280 die angeblich wahre Geschichte des Bauernsohnes Helmbrecht nieder. Helmbrecht war von angenehmer Erscheinung und wollte unbedingt die Grenzen seines Standes überwinden; er hatte die tollkühne Idee, Ritter zu werden. Der Vater warnte ihn vor seinen Plänen und riet ihm, eine ehrliche Ehefrau zu nehmen, doch Helmbrecht wollte seine eigenen Ziele verfolgen. Er war der schmutzigen Kühe und stinkenden Misthaufen überdrüssig und ging. Nach einem Jahr ließ sich Helmbrecht wieder in seinem Dorf blicken. Er hatte sich inzwischen einer Bande von Raubrittern angeschlossen und wollte dem Vater von seinen Abenteuern erzählen. Doch der Vater verstieß ihn. Nur seine Schwester Gotelind glaubte an den Glanz des »Ritterlebens« ihres Bruders. Helmbrecht nahm sie deshalb mit, um sie mit seinem Spießgesellen Lämmerschling zu vermählen. Während der Hochzeitsfeier wurden sie jedoch gefangengenommen, und Gotelind konnte gerade noch nackt in den Wald fliehen. Neun Mitglieder der Raubritterbande wurden gehängt. Helmbrecht aber wurde geblendet und an Händen und Füßen verstümmelt. Er schleppte sich nach Hause zu seinem Vater, doch dieser wies ihn erneut ab. Nur die Mutter gab ihm etwas Brot. Im Wald traf er anschließend einige Bauern bei ihrer Arbeit. Diese erkannten ihn rasch als Mitglied der Raubritterbande, die einst ihr Dorf überfallen und ausgeraubt hatte, und sie hängten ihn auf.

Götz von Berlichingen – Vorbild für Dichterfürsten

Ritter Götz (Gottfried) von Berlichingen (1480–1562) gehörte einem alten schwäbischen Adelsgeschlecht an. Seine Berühmtheit verdankt er

Dise rede ich nün kurtzen mag
es kam ein zit ein tag
Das wil diebe zü im komen
Und do er die in Aus sin huß genam
Sy teilten das sy brokten dar
Do wart man der diebe gewar
man fing die diebe und den wirt dar zü
So nün wart des morgens frü
Sy wurden mit gericht verurteilt
Und wurden alle geseilt
Das man sy hencken wolt
Als man billich solt

Eine Räuberbande wird gefesselt zum Galgen geführt
(Konrad von Ammenhausen, Schachzabelbuch)

Goethe, der die Lebensbeschreibung des Ritters zur Grundlage für ein Drama machte. Ein echter Raubritter war Ritter Götz nur vorübergehend, allerdings ging er sein ganzes Leben lang keiner Fehde aus dem Weg und war einer guten Beute nicht abgeneigt.

In Verbindung mit Raubrittern kam Götz bereits in jungen Jahren durch seinen Onkel mütterlicherseits, der der berüchtigten Raubrittersippe derer von Thüngen angehörte. Wie es bei Ritterfamilien üblich war, wurde der junge Götz zunächst zu anderen Rittern geschickt, um von ihnen ausgebildet zu werden. Den Anfang machte der gefürchtete Raubritter Hans von Massenbach. Mit dessen Ausbildungsmethoden scheint Götz' Raubritter-Onkel von Thüngen nicht einverstanden gewesen zu sein, denn er schritt ein und unterbrach die Ausbildung. Kurze Zeit später trat der bereits kampferprobte Götz in den Dienst des Markgrafen von Ansbach. Er fiel durch tollkühne militärische Einsätze auf und wurde gefördert. Im Landshuter Erbfolgekrieg (1503–1506) zwischen Herzog Georg von Bayern-Landshut und Herzog Albrecht IV. von Bayern-München verlor er seine rechte Hand und erhielt eine kunstvoll geschmiedete Handprothese aus Eisen, die anschließend zu seinem Markenzeichen wurde. Bei späteren Überfallen erschreckte er mit ihr manchen Gegner. In der Prothese waren Federn eingebaut, so daß die Finger beweglich waren. Als Drohung ließ er manchmal seine Eisenfinger hochschnellen, und viele glaubten anschließend, er stünde mit dem Teufel im Bunde.

In seinem Leben gab es immer wieder Fehden, einige gegen die Stadt Nürnberg oder die Stadt Köln, andere gegen den Kurfürsten und Erzbischof von Mainz. Das Zitat, mit dem Goethe Götz von Berlichingen berühmt machte, soll angeblich während eines Streites mit dem Erzbischof von Mainz gefallen sein. Als er sich einmal bei einem Preisschießen in Köln um den Gewinn betrogen sah, nahm er kurzerhand Kölner Kaufleute gefangen und erpreßte Lösegeld.

Eine Zeitlang ging der einarmige Götz von Berlichingen mit dem einbeinigen Hans von Selbitz auf Raubtour. Prompt beschwerten sich Nürnberger Kaufleute bei Kaiser Maximilian und forderten strenge Maßnahmen. Doch der Kaiser soll geantwortet haben: »Heiliger Gott, was soll das werden? Der eine hat nur eine Hand, der andere nur ein Bein – wenn

Zeitgenössisches Porträt des Raubritters Götz von Berlichingen (Glasmalerei)

sie denn erst zwei Hände und zwei Beine hätten, was würdet ihr dann tun?« Hans von Selbitz machte aus dem Nachteil des einen Beines sogar einen Vorteil im Kampf. Er ritt trotz seiner Behinderung sehr verwegen und war durch seinen Beinstumpf in der Lage, sich beim Reiten im Sattel zu drehen und dann mit der Armbrust zielgenau nach hinten zu schießen. Eine Spezialität fast aller Raubritter war es, sogar im Galopp eine Armbrust spannen und neu laden zu können.

Einem Streit ging Götz von Berlichingen nicht aus dem Weg und suchte ihn manchmal sogar, um eine Fehde zu beginnen. Eine Auseinandersetzung mit der Stadt Nürnberg provozierte er einmal auf folgende Weise: Sein Freund Fritz von Lidwach saß zwar friedlich in seiner Burg, doch Götz behauptete einfach, die Nürnberger hätten ihm die Ehre genommen, und drohte eine Fehde an. Ritter Fritz dementierte die Behauptung schriftlich, doch es half nicht: Götz zog dennoch gegen die Nürnberger Kaufmannskolonnen.

Pfingsten 1512 reiste ein Zug von Nürnberger Kaufleuten auf dem Rückweg von der Leipziger Messe durch das Frankenland, und allein dieser eine Zug versprach große Beute. Götz tat sich deshalb mit seiner streitbaren Verwandtschaft aus dem Geschlecht derer von Thüngen zusammen, um der Kolonne an einer Furt aufzulauern. Der Überfall entwickelte sich wie ein fröhliches Familientreffen. Die erfahrenen Raubritter von Thüngen zogen alle Register: Einige von Götz' Onkeln rissen den Kaufleuten die Hosen herunter und schlugen mit den flachen Klingenseiten auf deren Gesäß. Schließlich forderten sie die vor Angst zitternden Kaufleute auf, endlich mit dem »Geldscheißen« zu beginnen. Verschiedene Vettern waren zuletzt der Kämpfe müde und schlugen die Kaufleute mit dem Knauf ihrer Schwerter nieder. Götz' Bruder Philipp kniete auf dem Bauch eines Kaufmanns und kitzelte ihn so lange, bis der Mann fast erstickt wäre. Später behauptete er, er habe nur die prall gefüllte Geldkatze gesucht. Sein anderer Bruder Wolf schlug einen Fuhrmann mit einem einzigen Schwerthieb direkt vom Kutschbock und sprang dann in vollem Galopp vom Sattel aus an dessen Platz auf der Kutsche. Die Söldner, die den Kaufmannszug eigentlich hätten beschützen sollen, merkten lange Zeit nicht, was überhaupt geschah. Sie saßen überwiegend volltrunken auf ihren Pferden und flüchteten zuletzt einfach.

Nach dieser Episode trat Ritter Götz von Berlichingen in den Dienst einiger Fürsten. 1519 kämpfte er für den Herzog von Württemberg gegen den Schwäbischen Bund, eine Vereinigung der schwäbischen Reichsstände zur Sicherung des Landfriedens. Er wurde gefangengenommen und bis 1522 in Heilbronn festgesetzt. Im Bauernaufstand von 1525 ergriff er Partei für die Bauern und wurde erneut, diesmal in Augsburg, eingesperrt. Zuletzt kämpfte er 1542 für Kaiser Karl V. gegen die Türken und 1544 gegen die Franzosen. Anschließend wurde es um den »wilden Götz« ruhig. Er lebte zufrieden auf seiner Burg, schrieb seine Erinnerungen nieder und hatte mit seiner Ehefrau neun Kinder; nach deren Tod brachten zwei Mägde weitere vier Kinder von ihm zur Welt.

Philipp von Hohenfels – Warum ist es am Rhein so gefährlich?

Die Reste der Burg Philipps von Hohenfels gibt es noch heute in Trechtingshausen bei Bingen. Sie heißt Burg Reichenstein und beherbergt inzwischen ein Lokal, in dem Touristen gerne einkehren, um den schönen Blick auf den Rhein zu bewundern.

Im 13. Jahrhundert ging es hier allerdings nicht so friedlich zu, denn Mord und Totschlag waren an der Tagesordnung. Zunächst lebte Gerhard von Rheinbod auf dieser Burg, ein gefürchteter Raubritter, der in seiner Gier nach Macht und Geld alle Verwandten umgebracht hatte und zuletzt ohne Nachkommen vertrieben wurde. Ritter Gerhard war der Schrecken aller Kaufleute und anderer reicher Leute, die ihre Schiffe mit langen Seilen vom Ufer aus den Fluß entlang ziehen ließen. Wegen des sogenannten Binger Lochs, einer schwierigen Engstelle, war der Rhein an dieser Stelle besonders gefährlich. Die tückischen Stromschnellen konnten nur durch das »Treideln«, das Ziehen der Schiffe vom Ufer aus, umgangen werden. Sah Ritter Gerhard Kaufleute, die mit Pferden und langen Seilen ein Schiff ziehen ließen, stürmte er mit seinen Kriegsknechten aus der Burg, um zu rauben und zu morden. Offiziell gehörte die Burg dem Kloster Kornelimünster, und Ritter Gerhard hatte nur das Amt des Burgvogts inne. Doch er kümmerte sich nicht um die Belange seines Lehnsherrn und tat, als gehöre alles ihm. Seine Grausamkeiten wurden allgemein bekannt, und der Abt des Klosters ließ ihn schließlich mit einem angeworbenen Söldnerheer von der Burg Reichenstein vertreiben.

1241 übernahm Philipp von Hohenfels die Burg und verhielt sich nicht besser als sein Vorgänger. Er raubte und mordete nicht nur wie dieser, sondern erweiterte seine Schandtaten noch um Vergewaltigungen, bei denen er seinen Opfern angeblich sogar in die Nase biß. Es wird berichtet, daß er manches hübsche Mädchen, rückwärtsgehend, mit einem Nasenbiss in die Kemenate zog. Gefangene, unter denen besonders viele Mönche waren, sperrte er angekettet in seine Verliese und ließ sie dort arbeiten. Sie mußten Teppiche knüpfen, Kacheln glasieren oder Ziegelsteine brennen. Während der Arbeit hatten alle Gefangenen zu singen. Manchmal verteilte Ritter Philipp an seine Gefangenen sogar Wein, den er kurz vorher von einem erbeuteten Schiff abtransportiert hatte. Als der Abt von den Räubereien und Schandtaten von Ritter Gerhards Nachfolger erfuhr, gab er niedergeschlagen auf und schenkte die Burg 1245 dem Erzbischof von Mainz; sollte der sich doch mit dem berüchtigten Ritter Philipp herumärgern.

Nachdem der Warenverkehr auf dem Rhein ständig durch die Überfälle Philipps von Hohenfels behindert worden war und es immer gefährlicher wurde, auf dem Rhein zu reisen, entschloß sich der Mainzer Erzbischof 1253 zusammen mit einem Städtebund dazu, ein Heer zu schicken. Burg Reichenstein wurde eingekesselt und belagert. Um seine Position zu verbessern, ließ Ritter Philipp überraschend vierzig gefangene Mönche frei. Dennoch wurde die Burg eingenommen, und Ritter Philipp floh mit seinen verbliebenen Mannen in den Bergfried, die letzte Verteidigungsanlage einer Burg. Von hoch oben schütteten sie dann Fäkalien und Tiergedärme auf die Angreifer. Schließlich entschlossen sich die Belagerer, um den Turm einen hohen Reisighaufen aufzuschichten und diesen anzuzünden. Die Eingeschlossenen sollten ausgeräuchert werden, was zuletzt auch gelang. Ritter Philipp gab in dem beißenden Qualm auf. Er wurde nicht hingerichtet, sondern mußte nur gegenüber dem Mainzer Erzbischof einen besonderen Treueeid leisten. Er heiratete schließlich, wurde häuslich und hatte sechs Söhne und zwei Töchter.

Angeblich vorhandene Geheimkammern im Felsen unter der Burg Reichenstein sind bis heute noch nicht gefunden worden. In ihnen sollen kostbare kirchliche Geräte wie goldene Kelche, Monstranzen oder wertvolle Reliquienbehälter lagern.

Die 1523 vom Schwäbischen Bund zerstörte Stammburg des Thomas von Absberg
(Holzschnitt, 16. Jahrhundert)

Thomas von Absberg – Der grausame Handabhacker

Thomas von Absberg mit seiner Stammburg in der Nähe des fränkischen Städtchens Gunzenhausen gilt vielen als der grausamste aller Raubritter des 16. Jahrhunderts. Er war von Rachegedanken und Haß zerfressen. Die Ursache für sein Rachestreben war uralt und ging auf das Jahr 1436 zurück. Es handelte sich dabei um eine der vielen Fehden zwischen adeligen Sippen, die sich über Generationen hinzogen. Graf Ludwig von Öttingen, Hofmeister von Kaiser Sigismund, hatte in diesem Jahr eine Burg mitsamt allen dazugehörenden Dörfern, Feldern und Wäldern an Erbmarschall Haupt II. von Pappenheim verkauft. Die Sippe derer von Absberg erhob Einspruch und fühlte sich betrogen. Ein klassischer Fall, der unter Rittern mit dem Schwert gelöst wurde – eine Fehde war geboren. Rund neunzig Jahre später, als Thomas von Absberg Ritter geworden war, hatte die Fehde immer noch kein Ende gefunden. Sie lebte sogar erneut auf, als Graf Joachim von Öttingen 1519 erklärte, die Angelegenheit sei nun verjährt und es gebe keine begründeten Ansprüche derer von Absberg mehr. Thomas von Absberg sann auf Rache und wollte es Joachim von Öttingen heimzahlen. Er schickte Leute aus, um die Aktivitäten des Grafen zu erkunden. Bald fand er heraus, daß Joachim von Öttingen im Auftrag des Mainzer Erzbischofs zu einer Versammlung nach Augsburg reisen wollte, und plante, ihn auf dem Rückweg zu überfallen. Thomas von Absberg stellte eine Truppe von 18 bewaffneten Kriegsknechten zusammen und wählte den Raubritter Kuntz von Rosenberg als Kampfgenossen, der noch einmal 25 bewaffnete Kriegsknechte mitbrachte. Kuntz von Rosenberg hatte zwar mit der Fehde nichts zu tun, war jedoch ein berüchtigter Raubritter und hoffte, an der Auseinandersetzung verdienen zu können. Zur Truppe gehörte auch Erasmus von Absberg, Thomas' Vater und Amtmann von Crailsheim. Er hatte seine Amtsgeschäfte extra ruhen lassen, um seinen Sohn bei der ererbten Fehde zu unterstützen.

Die Sippe derer von Absberg und ihre Kampfgenossen blieben bei dem Überfall Sieger. Graf Joachim von Öttingen lag schwerverletzt am Boden. Thomas von Absberg ging triumphierend zu ihm und stahl seine Geldtasche mit zahlreichen Gulden und Goldstücken sowie alle Ringe von seinen Fingern. Erasmus von Absberg drängte schließlich zum

Rückzug, da er fürchtete, es könne Hilfe für den Grafen kommen. Kurze Zeit später starb Graf Joachim von Öttingen. Thomas von Absberg hatte von nun an noch mehr Feinde als vorher und wurde von seinen adeligen Standesgenossen immer stärker gemieden. Bald fehlten ihm mächtige Freunde, die ihn förderten und unterstützten. Seine Verbitterung nahm zu, und etwa ab 1522 wurde das Abhacken von Händen eine seiner brutalen Spezialitäten. Immer öfter wurde er als Raubritter aktiv und immer kleiner der Kreis seiner Freunde. Zuletzt verkehrte er fast nur noch mit den berüchtigten Raubrittersippen. Er wurde geächtet, und 1523 zerstörten schließlich Truppen des Schwäbischen Bundes seine Burg. Thomas von Absberg war jetzt ein Ritter ohne Burg. Mit nur wenigen Kriegsknechten war er ständig unterwegs und versteckte seine Gefangenen bis zur Zahlung des Lösegelds in unterschiedlichen Häusern oder befestigten Anlagen. Gefürchtet war bei den Gefangenen ein wuchtiger Turm mit einem völlig dunklen Verlies, in das sie von oben hineingelassen wurden. Dieses Verlies wurde nie gereinigt, so daß die festgesetzten Kaufleute in ihren eigenen Fäkalien dahinvegetieren mußten.

Gefangenen, bei denen er kein Lösegeld erpressen konnte, ließ er einfach eine Hand abhacken. Durch diese schändliche Tat wollte er hauptsächlich das heimatliche Umfeld oder die Brotherren der Geiseln treffen, der Gefangene selbst hatte für ihn keine Bedeutung. Wurde etwa ein Nürnberger Fuhrmannsknecht von seiner Raubritterbande gefaßt, schlug er ihm die Hand ab, um indirekt die Nürnberger Kaufleute zu schädigen. Ging ein Bürger anderer Städte in das Raubritternetz, dann sollten mit dem Abhacken der Hand beispielsweise der Schwäbische Bund oder andere Vereinigungen provoziert werden. In manchen Fällen wurden Gefangene auch freigelassen, um dem Bürgermeister ihrer Stadt die abgeschlagenen Hände zu übergeben.

Der Charakter des Thomas von Absberg wurde von Zeitgenossen als sehr widersprüchlich beschrieben. Er galt als jähzornig und brutal, manchmal aber auch als sympathisch, und echte Freunde konnten sich auf ihn verlassen. Dennoch wurde er vermutlich im Verlauf seiner Raubaktivitäten immer einsamer. Als er einmal bei einem Gelage auf einer Raubritterburg auf die abgehackten Hände anstieß, verschlug es sogar hartgesottenen Raubrittern die Sprache. Viele Kaufleute, von denen er

Lösegeld erpreßte, erinnerten sich an ihn als einen sehr finsteren Mann, der Schrecken ausstrahlte. Bewundert wurden hingegen seine guten Pferde und seine Reitkunst.

Seine Begleiter waren nicht weniger brutal als er. Ihnen eilte ein so schlimmer Ruf voraus, daß einmal die Fuhrleute und Begleiter einer Nürnberger Kaufmannskolonne alle Wagen und Waren stehen ließen und flohen, als sie in der Ferne die gefürchtete Reiterschar des Thomas von Absberg kommen sahen. Lieber verließen sie ihre Waren, als ihre Hände zu verlieren. Thomas von Absberg konnte nie gefaßt werden. Als er zunehmend verfolgt wurde, wich er häufig nach Böhmen aus und verübte seine Überfälle und Räubereien in den Grenzgebieten. Zuletzt brachte er auch seine Gefangenen in kleinen böhmischen Dörfern in den Kellern von Bauernhäusern unter. Deutsche Kaufleute, die mit verbundenen Augen verschleppt wurden, erkannten manchmal nur anhand der Sprache, daß sie in Böhmen waren.

In Böhmen ereilte Thomas von Absberg schließlich auch sein Schicksal. Er war bereits seit längerer Zeit nur noch mit zwei Kriegsknechten und einem Gefangenen unterwegs, den sie abwechselnd bei Überfällen an versteckte Waldbäume fesselten oder in Kellern von Bauernhäusern an die Kette legten. An einem Junitag des Jahres 1531 ließ Thomas von Absberg wieder einmal seinen Gefangenen im Keller anketten und teilte seinen Kriegsknechten mit, er müsse kurz etwas regeln und komme bald wieder. Er wollte seinen alten Freund Salomon treffen, ein Wirt, der als Hehler beim Verkauf der Beute tätig war. Salomon schenkte dem übermüdeten Thomas von Absberg immer wieder Bier ein, bis dieser mit dem Kopf auf der Tischplatte einschlief. In diesem Moment erschoß ihn Salomon, wohl in der Hoffnung auf das auf den Raubritter ausgesetzte Kopfgeld.

Mangold von Eberstein – Die Geiseln schinden

Um seinen Streit mit der im 16. Jahrhundert sehr reichen Stadt Nürnberg auszuweiten und dadurch Geld zu verdienen, fand Raubritter Mangold von Eberstein 1516 einen guten Vorwand: Eine Witwe hatte finanzielle Probleme mit dem Rat der Stadt Nürnberg und fühlte sich betrogen. Doch wie sollte eine Witwe gegenüber dem mächtigen Nürnberg mit seinen zahlreichen Kriegsknechten ihre Interessen durchsetzen? Ritter Mangold von Eberstein wußte Rat: Die Witwe mußte der Stadt Nürnberg nur die Fehde erklären, und er selbst würde dann als erfahrener Raubritter die Angelegenheit klären. Er beschritt somit einen geradezu klassischen Weg der Raubritter, um Streit zu suchen. Es galt, sich einzumischen, um anschließend nach dem Fehderecht zu rauben und zu erpressen.

Die Burg des Raubritters – Brandenstein – stand zwar bei Schlüchtern in der Nähe von Fulda, dennoch war er mit seinen Kriegsknechten häufig im Gebiet der Stadt Nürnberg unterwegs. Trafen sie auf den Landstraßen Menschen, die nach ihrer Erscheinung auf einen gewissen Reichtum schließen ließen, fragten sie diese in einem belanglosen Gespräch zunächst nach der Herkunft. Besonders Nürnberger Bürger mußten nun wachsam sein, denn die Stadt hatte viele Fehden auszufechten, und der Streit galt stets allen Bürgern von Nürnberg. Diese wurden dann gefangengenommen und mußten für ihre Stadt büßen. Raubritter sahen sich dabei absolut im Recht und machten sich keine Gedanken darüber, ob ihr Verhalten eventuell falsch sein könnte. Ihre Frauen bestärkten sie teilweise sogar darin. Margarete von Eberstein etwa, die Ehefrau Mangolds, soll angeblich gesagt haben, Kaufleuten müsse man einfach die Hände und Füße abhacken, wenn sie nicht das täten, was sie versprochen hätten, also wenn sie zum Beispiel nach einer Gefangennahme kein Lösegeld zahlten. Mangold selbst soll die Meinung vertreten haben, daß Menschen der niederen Stände stets geprügelt werden mußten, um zu lernen. Erst wenn Blut fließe, wüßten die niederen Stände, was sie zu lernen hätten, und würden gehorchen. Gefangene Kaufleute oder reisende Handwerker wurden deshalb nach allen Regeln brutalen Verhaltens durchgeprügelt, damit sie lernten, das Lösegeld zu bezahlen. Auf Burg Brandenstein wurden den Gefangenen meist eiserne Halsringe umgelegt, so daß sie sich kaum bewegen konnten. Regelmäßig gab es Drohungen und Prügel. Gewann Mangold von Eberstein den Eindruck, seine Gefangenen könnten nicht zahlen, war seine Antwort meist dieselbe: Er verkündete, sie seien nun an das Vieh in den Ställen der Burg zu verfüttern.

Die Überfälle und Machenschaften Mangolds von Eberstein hatten sich bald im gesamten Deutschen Reich herumgesprochen, und Kaiser

Karl V. verhängte schließlich die Reichsacht über ihn. Der Bischof von Würzburg stellte außerdem Geld zur Verfügung, um ein Söldnerheer anzuwerben, das die Burg Brandenstein erobern sollte. Bald erfuhr der Raubritter von der drohenden Gefahr, und seine Ehefrau begann, die Schätze der Burg wie etwa Goldobjekte oder Silbergeschirr zu verstecken. Als das Söldnerheer anrückte, floh der Raubritter mit seiner Familie. Aus sicherer Entfernung beobachteten sie, wie ihre Burg niedergebrannt wurde. Zuletzt schloß sich Mangold von Eberstein seinem Standeskollegen Franz von Sickingen an und starb mit 52 Jahren im Kampf. Mangolds Schätze wurden bis heute nicht gefunden.

Abgang ohne Ritterehre

Raubritter kannten das Schicksal, das ihnen nach einer Gefangennahme blühte: Sie wurden in der Regel hingerichtet. Spätestens in einer solchen Situation wurde deutlich, daß ihr Statusdenken letztlich ohne Grundlage war. Sie selbst hatten es zwar verinnerlicht und lebten dementsprechend, doch ihre Umwelt teilte dieses Denken nicht mehr. Sogar Bauern und Bürger schlossen sich zusammen, um gegen Raubritter vorzugehen. Nicht selten überfielen aufgebrachte Bauern Gruppen von Raubrittern und töteten sie. Spätmittelalterliche Unterlagen der Stadt Freiburg berichten sogar, daß verärgerte Bürger unter dem Kommando von Bürgermeister Meiger eine Raubritterburg stürmten. Der frühere Respekt vor der ritterlichen Autorität war dahin.

Raubritter wurden üblicherweise gehängt, was dem Selbstbild eines Ritters völlig widersprach, war der Galgen doch die Strafe für Diebe und gewöhnliche Verbrecher, während Rittern im Hochmittelalter das Recht zustand, mit dem Schwert hingerichtet zu werden.

Nur wenn Raubritter besonders tapfer gekämpft hatten, erhielten sie noch die alte Ehre, durch das Schwert zu sterben. Manchmal wurden dann Massenhinrichtungen angeordnet. 1378 wurden in Erfurt einmal 26 gefangene Raubritter am selben Tag enthauptet. Zur Warnung der Bevölkerung stellte man die Leichen anschließend auf Podesten aus und legte den abgeschlagenen Kopf jeweils auf den Bauch des Toten.

Seit dem 16. Jahrhundert kam die Plage des Raubrittertums nur noch vereinzelt vor. Denn obwohl die Raubritter ihre meist ärmlichen Burgen geschickt plaziert hatten und sie mit den Waffen des Hochmittelalters kaum zu erobern waren, war ihre Zeit vorbei. Sie mußten den Kanonen weichen, die im Spätmittelalter immer wichtiger wurden und die sich nur reiche Fürsten und Städte leisten konnten. Ihre Kugeln konnten jede Burgmauer durchbrechen. Die Fernwaffen der Raubritter waren meist veraltet und konnten die Reichweite von Kanonen kaum erreichen, so daß Angreifer Raubritterburgen einfach aus sicherer Entfernung zusammenschießen konnten. Wie die Raubritter verschwanden auch nach und nach ihre Burgen.

Robin Hood – ein Räuber
im Mittelalter

Der englische Volksheld Robin Hood ist sicherlich die bekannteste Räubergestalt des Mittelalters. Allerdings ist bis heute nicht völlig gesichert, ob es einen historischen Robin Hood überhaupt gab, denn alle Geschichten über ihn lassen sich auf Legenden zurückführen. Um das Jahr 1296 wurde in England jedoch tatsächlich ein Räuber mit dem Namen Robin Hood gesucht. Auf seine Taten gibt es keine näheren Hinweise, und es ist wahrscheinlich, daß man diesen historischen Räuber vielleicht als Grundlage nahm und immer wieder neue Geschichten um ihn erfand, die danach allmählich bekannt wurden. In dem Manuskript »Piers Plowman« von William Langland aus dem Jahr 1377 wurde erstmals der Name Robin Hood für eine größere Leserschaft erwähnt. Ein Priester behauptete in diesem Text, er kenne Reime über einen Robin Hood. Der Name des Räubers dürfte damals also wohlbekannt gewesen sein. Drei Jahre später schrieb der schottische Chronist John Fordun, daß unter den von der Bevölkerung besonders geschätzten Balladen die um einen gewissen Robin Hood das größte Interesse fänden. Die Abenteuer des Robin Hood waren somit in England schon früh bekannt und beliebt. Sie gehörten zu jenen Volkslegenden, deren Inhalt von Generation zu Generation weiter ausgeschmückt wurde.

Im frühen 16. Jahrhundert wurden die Balladen über Robin Hood erstmals gedruckt. Zunächst war Robin Hood, manchmal auch Robyne Hode genannt, ein Freisasse, also ein unabhängiger Grundbesitzer oder auch freier Bauer. Erst im Verlauf des 16. Jahrhunderts wurde er in den Geschichten zu einem Edelmann mit dem Namen Earl of Huntington oder auch Robert of Locksley. Während dieser Zeit tauchte erstmals in den Geschichten auch die Geliebte von Robin Hood auf, die junge Maid Marian. Ihre Herkunft ist völlig ungeklärt. Es wird vermutet, daß das pastorale Singspiel »Jeu de Robin et Marion«, das Adam de la Halle um

1280 in französischer Sprache verfaßte, die Namenswahl und ihre Rolle in der Geschichte inspirierte. Bis auf die Namen gibt es aber keine Parallelen zur Legende um Robin Hood. Die elisabethanischen Dramen »The Downfall of Robert Earl of Huntington« sowie »The Death of Robert Earl of Huntington« stellten den Stoff schließlich einem breiten Publikum der Oberschicht vor.

Im späten 16. Jahrhundert wurde auch die historische Epoche festgelegt, in der die Abenteuer des Robin Hood spielten: Es war die Zeit um 1190, als König Richard Löwenherz zum Kreuzzug in das Heilige Land zog. Vermutlich erst im 19. Jahrhundert wurde der mutige Robin Hood dann endgültig zu einem edlen Sachsen, der gegen die Normannen kämpfte. Der Schriftsteller Sir Walter Scott nahm damals die Figur des Robin Hood in seinen Roman »Ivanhoe« (1819) auf und prägte sein Bild für nachfolgende Geschichten.

Nach den zahlreichen überlieferten Vorlagen war die Geschichte des Robin Hood also höchst variabel. Mal war er ein Bauer, dann wieder ein Bediensteter in einem adeligen Haushalt und zuletzt ein Adeliger, der um sein Erbe gebracht worden war. Gleichzeitig aber war er ein angelsächsischer Patriot, der gegen die Normannen kämpfte. Wann genau er in den Geschichten zu dem romantischen Räuber wurde, der die ausbeuterischen Gutsherren überfiel und die Beute an das arme Volk weitergab, ist dagegen nicht eindeutig zu klären.

Die Legende und ihre Folgen

Den Balladen des frühen 16. Jahrhunderts zufolge war der vermutlich bäuerliche Robin Hood von dem verhaßten Sheriff von Nottingham um sein Land gebracht worden und galt danach als Geächteter. Später soll Robin Hood den Sheriff getötet haben. Weitere Feinde waren reiche Äbte und Baron Guy de Gisbourne, ein gefürchteter Kopfgeldjäger, den er ebenfalls tötete. Einmal soll Robin Hood einem verarmten Ritter eine große Summe Geldes überlassen haben, was möglicherweise die Grundlage für die spätere Behauptung war, er unterstütze mit seiner Beute die Armen.

ℭ Here begynneth a gest of Robyn Hode

Lythe and listin gẽtilmen þ be of frebore
blode I shall you tel of a gode yemã his
name was Robyn hode Robyn was a pudeout
law as he was one was neuer non foũde Ro
byñ stode i bernesdale & lenyd hyñ to a tre & bi hyñ
stode litell Johñ a gode yeman was he & alloo
dyd gooe Scarlok and much þ millers soñ The
re was none puch of his bodi but it was wor
th a grome. Than bespake lytell Johñ all vn
too Robyn hode Maister and ye wolde dyne
berpme it wolde doo you moche gode. Thã be
spake hyñ gode Robyn to dyne haue I noo lust
till that I haue sõbolde barõ or som vnkoutg
gest that may pay for þ best, or som knyght or

Robin Hood (Holzschnitt, 16. Jahrhundert)

Mit einer Bande aus fröhlichen Gesellen, den »Merry Men«, lebte Robin Hood im Sherwood Forest, einem riesigen Waldgebiet bei Nottingham. Ende des 16. Jahrhunderts war er in den Balladen und Legenden zu einem patriotischen Anhänger von König Richard Löwenherz geworden und kämpfte gegen dessen verhaßten Bruder Johann Ohneland, der den Thron an sich gerissen hatte und gierig immer weiter die Steuern erhöhen wollte. Die königlichen Truppen konnten im Walddickicht ihre militärische Übermacht nicht ausspielen, so daß Robin Hood, der aufgrund seiner nun mittlerweile adeligen, angelsächsischen Herkunft sicherlich auch in zahlreichen Kampftechniken geschult war, gegen sie manche Siege erzielte und nicht gefaßt werden konnte. Sein Guerillakrieg verlief insgesamt erfolgreich, und er konnte der veramten Bevölkerung ein neues Selbstbewußtsein vermitteln. Im Laufe der Zeit entstanden nun immer neue Geschichten um Robin Hood. Zuletzt verteilte er auch seine bei den Reichen gemachte Beute an die Armen.

Der Legende nach starb Robin Hood an einer Wunde durch einen vergifteten Pfeil. Er schleppte sich noch zu seiner Cousine, einer Äbtissin im Ort Kirklees, um sich von ihr behandeln zu lassen. Sie behauptete, ihn zur Ader lassen zu müssen, schnitt ihm aber statt dessen nach der Legende die Schlagader auf, so daß er verblutete. Mit letzter Kraft blies er in sein Horn, damit seine Bande wußte, wo er war und ihm zu Hilfe kam. Doch es war zu spät. Sterbend schoß er noch einen Pfeil aus dem Fenster und wurde begraben, wo der Pfeil in die Erde einschlug. Nach seinem Tod löste sich die Bande auf. Niemand besaß mehr seine Führungsfähigkeiten und die nötigen militärischen Qualitäten, um die Erfolge fortsetzen zu können.

Für die Literatur und insbesondere für den Film waren das Thema und der Stoff außergewöhnlich anregend. Eine erste Verfilmung erfolgte kurz nach der Erfindung des Mediums bereits 1912 als Stummfilm. In einem zweiten Stummfilm spielte 1922 sogar der damals bedeutende amerikanische Filmstar Douglas Fairbanks den Robin Hood. Im Tonfilm übernahm schließlich 1938 ein weiterer bekannter Filmstar, Errol Flynn, die Rolle. In den folgenden Jahrzehnten wurde die Geschichte um Robin Hood immer wieder für das Kino und später für das Fernsehen verfilmt. In dem erfolgreichen Film »Ivanhoe, der schwarze Ritter« (1952) mit Eli-

Idealisierte Darstellung des Robin Hood (Richard Dadd, 1852)

zabeth Taylor wurde Robin Hood dagegen mehr eine Nebenrolle zuge-
wiesen. 1973 nahm sich Walt Disney des Stoffes in einem Zeichentrick-
film an und stellte Robin Hood in Tiergestalt als schlauen Fuchs dar.
Wiederholt wurde die Geschichte des Robin Hood auch Thema von Per-
siflagen und Parodien. Sogar im Science-Fiction-Film tauchte er auf: In
dem Film »Time Bandits« von 1981 treffen Zeitreisende aus der Zukunft
bei ihren Fahrten in die Vergangenheit auch Robin Hood.

SÖLDNER, DIEBE UND GESINDEL

Räuber und Mordbrenner

Mit dem Ende der Raubritter im späten 15. und frühen 16. Jahrhundert war leider nicht gleichzeitig auch das Ende der Räuberbanden besiegelt worden. Andere Banden trieben nun unter anderen Voraussetzungen ihr Unwesen. Fehden und die Verteidigung der eigenen Ehre verloren an Bedeutung, dafür rückte die Gier nach Gut und Geld in den Vordergrund. Zwei Tätertypen prägten insbesondere das 16. Jahrhundert. Es handelte sich um die Räuber und die Mordbrenner. Räuber überfielen ihre Opfer sowohl auf der Straße als auch in ihren Häusern. Es ging ihnen vor allem um Beute und weniger um Zerstörung. Mord und Totschlag waren allerdings für sie nicht ausgeschlossen. Mordbrenner dagegen raubten ihre Opfer in den Häusern aus, töteten sie oft und zündeten die Häuser an. Neben den organisierten und reisenden Banden gab es auch viele Einzeltäter, die immer wieder spontan aktiv wurden.

Niedrige Hemmschwellen

Wie während des gesamten Mittelalters waren die Straßen auch zu späteren Zeiten recht unsicher, in schlechtem Zustand und kaum kontrolliert. Ständig konnte es zu Verbrechen kommen, und besonders in unwegsamen Gegenden lauerten Gefahren. Das Leben eines Menschen war für Räuber und Mordbrenner trotz härtester Strafen wenig wert. Vor Mord und Totschlag hatten sie nur geringe Scheu. Viele Menschen waren durch die Umstände ihrer Zeit und den harten Alltag »verroht« und achteten weder das Leben ihrer Mitmenschen noch das eigene. Die Tatsache, daß gefaßte Täter umgehend gehängt wurden, schreckte andere nicht davon ab, auch um wenig Geld Überfälle und Morde zu begehen. Eine zentral organisierte Polizei gab es nicht. Bürger und Bauern wehrten sich meist durch Eigeninitiative und Selbstjustiz. Die niedrige Aufklärungsrate für Verbrechen senkte ebenfalls die Hemmschwelle, wurde doch nur ein Bruchteil der Verbrechen tatsächlich aufgeklärt.

In Städten wurden nach dem Bekanntwerden eines Verbrechens meist Fahndungsaufrufe an Wirte verteilt. Aussehen, Kleidung, Lebensgewohnheiten und Bewaffnung einer gesuchten Person wurden so genau wie möglich beschrieben. Man hoffte, dadurch besser nach Verdächtigen suchen zu können und neue Spuren zu finden. Häufig kamen die Täter jedoch von auswärts und waren daher vor Ort nicht bekannt. Sie scheinen häufig unbeherrscht und übersteigert selbstbewußt gewesen zu sein. Selbst geringfügige Anlässe, wie etwa ein Schimpfwort oder eine abgelehnte Hilfeleistung, konnten für ein Opfer schwerste Bedrohungen, Verletzungen oder sogar den Tod zur Folge haben. In einem Fall machte beispielsweise ein Täter die Aussage, daß er in einem Wald von seinem späteren Opfer rauh und herrisch angesprochen worden war. Er nahm deshalb ohne zu überlegen seinen Spieß und stach auf sein Gegenüber ein. Nachdem das Opfer tot war, raubte er es aus. In einem weiteren Fall weigerte sich ein Pfarrer, einem Mann, der an seine Tür geklopft hatte, eine Spende zu geben. Daraufhin schlug dieser den Pfarrer kurzentschlossen zusammen und zündete das Pfarrhaus an.

Ein Suchaufruf der Stadt Freiburg aus dem Jahr 1567 nach einem Täter beschreibt ebenfalls einen eigentlich nichtigen Anlaß, der zu einem Mord führte: Zwei Männer hatten in einer kleineren Stadt einen Bauern in einer Wirtschaft angesprochen und ihn aufgefordert, ihnen eine Suppe zu spendieren. Der Bauer lehnte jedoch ab und teilte höflich mit, er habe kein Geld. Als der Bauer später die Wirtschaft wieder verließ, folgten ihm die beiden und brachten ihn einfach um. Ihre Beute war allerdings gering, denn der Tote trug nur zwanzig Kreuzer bei sich. Sein wertvollstes Gut war das Pferd gewesen, das er mit sich geführt hatte. Doch dieses war beim Angriff weggelaufen und konnte von den Tätern nicht mehr eingefangen und verkauft werden. Sie mußten sich mit nur zwanzig Kreuzern zufriedengeben, die sie untereinander teilten.

Caspar Seubold aus Hedelfingen war Mitglied einer Mordbrennerbande, die in der Mitte des 16. Jahrhunderts im nördlichen Schwarzwald und auf der Schwäbischen Alb ihr Unwesen trieb. Sie waren keiner Schandtat abgeneigt und taten sich nicht nur durch Diebstähle, sondern

Zwei Mörder überfallen einen Mann auf der Straße (Holzschnitt, 1484)

auch als Raubmörder und Brandstifter hervor. Eines nachts überfielen sie einen abgelegenen Bauernhof am Neckar, um das Vieh zu stehlen. Der Bauer wurde jedoch durch den Lärm geweckt und kam aus dem Haus, um nach dem Rechten zu sehen. Sofort schlugen ihn Caspar Seubold und ein anderes Bandenmitglied brutal zusammen. Ein weiterer packte die hinzukommende Ehefrau bereits an der Haustür und schlug ihr mit einer Eisenstange so fest auf den Kopf, daß ihr dem Vernehmungsprotokoll zufolge das Gehirn auslief. Beide Leichen verbarg die Bande im Stall unter dem Stroh. Anschließend stürmten sie das Bauernhaus. Die Tochter der Familie wollte sich noch im Haus verstecken, doch sie wurde gefunden. Verängstigt bot sie an, der Bande zu zeigen, wo ihr Vater das Geld der Familie versteckt hatte. Sie flehte um ihr Leben, doch sie wurde trotzdem getötet. 1556 wurden die Mitglieder der Bande gefaßt und ohne viel Federlesens umgehend aufgehängt.

Herkunft der Räuber und Mordbrenner

Zahlreiche Gerichtsakten aus dem 16. Jahrhundert belegen, daß viele gefangene Räuber und Mordbrenner nicht vom Ort ihrer Untaten stammten, sondern vorher oft weit im Land und sogar über die Landesgrenzen hinweg umhergezogen waren. Meist hatten sie keinen festen Wohnsitz und auch keine dauerhafte Arbeit. Sie mußten sich ihren Lebensunterhalt durch unterschiedliche Gaunereien verdienen. Reichten die zuerst noch geringfügigen Straftaten nicht mehr aus, schreckten sie später auch vor Mord und Totschlag nicht mehr zurück. Im 16. Jahrhundert war in Deutschland die allgemeine Not so groß, daß rund zehn Prozent der Bevölkerung keinen dauerhaften Wohnsitz hatten und mit ihrer armseligen Habe ständig umherzogen. Menschen, die nicht kriminell werden wollten, verkauften, um überhaupt einen kleinen Verdienst zu haben, allerlei Kleinkram oder wurden als Tagelöhner aktiv. Andere waren etwa wandernde Musiker, Gaukler, Wahrsager, Schauspieler oder auch Reliquienhändler.

Die Vergangenheit von festgenommenen Tätern war oft sehr hart. Ein Verhafteter konnte beispielsweise seine Frau und seine elf Kinder nicht mehr ernähren und begann zu stehlen, um den Lebensunterhalt der Familie weiter zu sichern. Zu seinen Diebstählen kamen zuletzt, weil

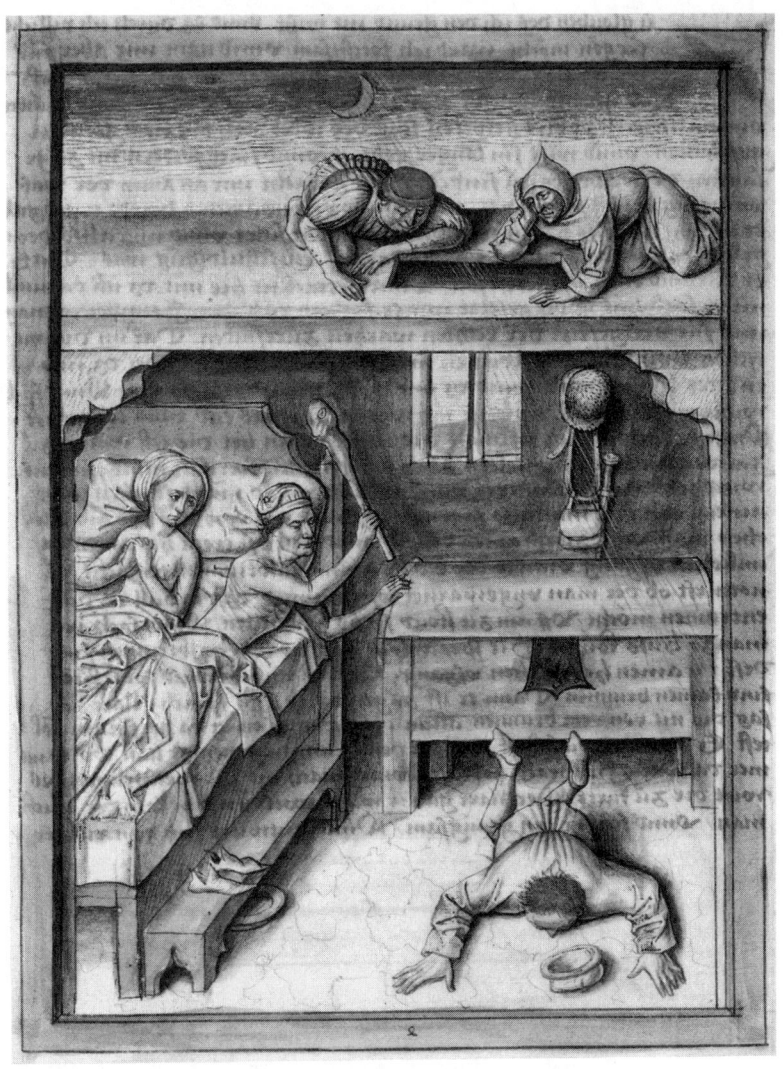

Nächtliche Ruhestörung durch Räuber (15. Jahrhundert)

das Geld nicht reichte, noch Raubmorde hinzu. Ein anderer Räuber war bei seiner Festnahme ein noch völlig ungeübter Täter. Er hatte seinen Wohnsitz nur aufgegeben, weil ihn seine Ehefrau betrogen und von einem anderen Mann ein Kind zur Welt gebracht hatte. Zunächst hatte er jenseits der Grenzen seines einstigen Wohnortes gearbeitet und auch kurze Zeit als Söldner gedient. Doch das Heimweh trieb ihn immer wieder zurück. Schließlich wurde er zu einem Räuber. Die Beispiele zeigen, daß es oft ganz alltägliche Dramen waren, die Menschen aus ihrer Lebensbahn warfen, und daß sie anschließend nicht mehr in ein ehrliches Leben zurückfanden.

Viele der gefaßten Nichtseßhaften waren vor ihren Verbrechen ihres Landes verwiesen worden. Da es kaum Gefängnisse gab, kam ein solcher Landesverweis als Strafe recht häufig vor. Er wurde meist gewählt, wenn das Gesetz keine körperliche Verstümmelung oder gar die Todesstrafe vorschrieb, die Städte oder die Landesherren die Täter aber unbedingt loswerden wollten. Viele Menschen konnten sich nach einem solchen Verweis in der Fremde keine Existenz mehr aufbauen, rutschten in die Kriminalität ab und überlebten als Bettler, Räuber oder Mordbrenner. Andere konnten in der ihnen ungewohnten neuen Umgebung nicht überleben und kehrten wieder zurück. Ein solcher Schritt war gefährlich, denn dadurch war es kaum noch möglich, den Lebensunterhalt auf ehrliche Weise zu verdienen, da sie nicht entdeckt werden durften. Vor ihrer Ausweisung hatten sie zu schwören, ihre ehemalige Heimat nie mehr zu betreten, und wurden deshalb bei einer Gefangennahme besonders schwer bestraft.

In zahlreichen Städten durften Fremde ohne städtisches Bürgerrecht nicht betteln. Sie wurden dann zu sogenannten falschen Bettlerinnen oder Bettlern erklärt und bestraft oder, wenn sie Glück hatten, umgehend abgeschoben. Nur Einwohner einer Stadt durften nach den strengen Bettelordnungen echte Bettlerinnen oder Bettler sein. Die meist geringen sozialen Leistungen für Bettler und Bedürftige standen nur den eigenen Bürgern zu.

Rund vierzig Prozent der im 16. Jahrhundert gefaßten Räuber und Mordbrenner waren früher oder kurz zuvor Söldner gewesen. Sie hatten das Töten gelernt, und ihre Hemmschwellen lagen entsprechend tief.

Sold gab es für sie nur während eines Krieges. War ein Krieg beendet, wurden die Heere oft aufgelöst, und Söldner mußten dann, wenn sie keine Ersparnisse hatten, von ihrer Beute leben. Kein Landesherr oder Heerführer kümmerte sich um sie. War ihr Raubgut nur gering, konnte es für ehemalige Söldner existenzielle Schwierigkeiten geben. Viele wurden kriminell und warteten sehnsüchtig auf den nächsten Krieg, um sich dann sofort wieder anwerben zu lassen. Diebstähle und Raubüberfälle waren für sie nur die Fortsetzung ihrer Tätigkeit als Söldner und dienten auf einer anderen Grundlage ihrem Broterwerb.

Auftragskriminelle

Nicht wenige Mordbrenner waren Auftragskriminelle und zündeten gegen Bezahlung bestimmte Häuser an oder sorgten im Auftrag von Fürsten für Terror im Land des Gegners. Ehemalige Söldner hatten auch nach ihrer Entlassung aus einem Heer oft noch gute Kontakte zu ihren alten Kumpanen und erhielten manchen wichtigen Tip, um schnell gutes Geld zu verdienen. Skrupellos erfüllten sie alle Aufträge, die Geld brachten.

Der Söldner Bartholomeus Meus zum Beispiel war zwar in Augsburg geboren, kämpfte allerdings auf französischer Seite, als er 1554 in einer Schlacht bei Siena von deutschen kaiserlichen Truppen zusammen mit weiteren 150 deutschen Söldnern gefangengenommen wurde. Die kaiserlichen Truppen ließen sie alle später wieder frei; allerdings mußten sie das Versprechen abgeben, nie mehr für fremde Kriegsherren zu kämpfen. Die Söldner nahmen jedoch erneut mit den Franzosen Kontakt auf, die einen Auftrag für sie hatten. Bald wurden Bartholomeus Meus und fünfzig seiner Kumpane nach Saarbrücken gebracht und bei freier Kost und Logis in einem großen Gasthaus einquartiert. Sie wurden acht Tage lang hervorragend bewirtet und während dieser Zeit einzeln gefragt, ob sie einem kleinen Geschäft nicht abgeneigt seien. Jedem wurden direkt in die Hand zwei Gulden versprochen. Bei einer Zusage würden sie »Diener« eines »Markgrafen« werden und müßten dann gegen Bezahlung überall im deutschen Land Häuser anzünden und die Bevölkerung terrorisieren.

Später wurde klar, daß es sich bei dem »Markgrafen« um Markgraf Albrecht Alcibiades von Brandenburg-Kulmbach handelte. Dieser war gegen den Kaiser eingestellt und kooperierte mit einem oppositionellen Fürstenbund. Unterstützt wurde das Vorgehen von Frankreich, dessen Ziel es war, Städte wie Metz oder Verdun vom deutschen Kaiser zu übernehmen und dadurch das eigene Territorium zu vergrößern.

Bartholomeus Meus zog nun mit seiner Meute durch das Elsaß und den Breisgau, um wahllos Häuser anzuzünden. In einer einzigen Nacht brannten sie einmal ein ganzes Dorf ab. Es gab viele Opfer. Gerade auf dem Land wurden meist nur einfache Holzhäuser gebaut, die leicht entflammten und dann wie Zunder völlig abbrannten. Doch bereits 1555 wurden die Mordbrenner gefangengenommen und hingerichtet.

Mordbrenner waren somit nicht nur einfache Kriminelle, sondern übernahmen auch gerne Aufträge von Privatpersonen oder sogar von Fürsten. Ihre Aufgabe war es oftmals, als eine Art »Fünfte Kolonne« hinter einer Kriegsfront aktiv zu werden, um die Bevölkerung zu terrorisieren und den Gegner zu schädigen.

Wilderer

Fleischmahlzeiten waren früher für arme Menschen nahezu unerschwinglich und eine Ausnahme für Feiertage. Das Fleisch der Metzger war ihnen zu teuer, und auf die Jagd durften sie nicht gehen, denn diese war Privileg des Adels. Wildbret zählte zu den typischen »Herrenessen« und war nicht für kleine Leute bestimmt. Die Jagd stellte eine der beliebtesten Freizeitbeschäftigungen des Adels dar und galt gleichzeitig als ein gesellschaftliches Ereignis. Bei Hetzjagden ging es rücksichtslos zu. Die Felder der Bauern wurden nicht geschont und häufig auch ihre Ernten zertrampelt. Für Wildschäden gab es keinen Schadenersatz. Mitten in der Erntezeit mußten Bauern immer wieder Hilfsdienste für die Jagd des Adels leisten. Aus Rache jagten sie dann häufig während der Nacht selbst das Wild ihrer Herren.

Wagten es Bauern oder Bürger, unerlaubt auf die Jagd zu gehen, galten sie als Wilderer – ein Verbrechen, das schwerste Strafen nach sich zog. Im Mittelalter ließ man gefangene Wilderer oft von Tieren zu Tode schleifen. Später wurden die Jagdbestimmungen der Obrigkeit in man-

Raubüberfall auf einen Bauern (Holzschnitt, 1522)

chen Gegenden etwas großzügiger. Nach den großen Seuchen waren die Einwohnerzahlen stark zurückgegangen, so daß das Wild vereinzelt zur Plage wurde. Das niedere Wild wie etwa Hasen durfte deshalb manchmal sogar von Bürgern und Bauern gefangen werden, während die Jagd auf das Hochwild weiterhin ein Privileg des Adels blieb. Doch gerade das Hochwild wie Hirsch oder Wildschwein lieferte viel Fleisch und wurde für einzelne Wilderer sowie für Wildererbanden ein Geschäft.

Von der Dorfbevölkerung wurde die Wilderei meist toleriert. Mancher Dorfpfarrer nahm gerne das Wildbret der Wilderer an oder kleidete sich sogar mit Hosen aus »wildem« Leder, also Leder, das aus den Fellen der Wildererbeute gegerbt worden war. Häufig trugen Mitglieder von Wildererbanden bei ihren Aktivitäten im Wald Frauenkleidung und versteckten die Waffen unter den weiten Röcken. Andere Wilderer färbten sich ihre Gesichter mit Ruß schwarz, damit sie in der Nacht nicht zu erkennen waren. Das erlegte Wild wurde noch an Ort und Stelle ausgeweidet und in Stücke zerlegt, um nur das Fleisch abtransportieren zu müssen. Es wurde bei vertrauenswürdigen Freunden versteckt.

Strenge Gesetze

Herzog Ulrich von Württemberg erließ 1517 ein strenges Gesetz gegen Wilderei. Eine der milderen Strafen für Wilderer war das Tragen einer Wildererkappe. Sie bestand aus einem eisernen Gestell und war mit einem Hirschgeweih und Glöckchen dekoriert, das Wilderer sechs bis zwölf Wochen lang tragen mußten. Brutaler waren gesetzliche Vorschriften wie das Abschlagen einzelner Glieder oder das Abschneiden der Nase. Der Herzog erhöhte sogar das Strafmaß und ließ ertappte Wilderer auch blenden. Doch die Not der Menschen war groß, und es wurde trotz aller Strafandrohungen und Strafen sowohl in Banden als auch einzeln weiterhin gewildert.

Mitte des 16. Jahrhunderts verkündete Herzog Christoph von Württemberg noch einmal weitere und erneut verschärfte Wildereigesetze. Bei leichten Vergehen gab es nun vier Wochen Gefängnis und eine Geldstrafe, denn der Delinquent mußte seine Verpflegung überteuert selbst bezahlen. Denunzianten, die einen Wilderer zu überführen halfen, erhielten dreißig Prozent der Geldstrafe als Belohnung. Unter Strafe standen ebenfalls alle Tätigkeiten, die mit der Wilderei zusammenhingen, wie beispielsweise Beihilfe zur Jagd, Gewährung von Unterschlupf oder der Kauf von Fleisch von gewilderten Tieren. Im Wiederholungsfall war die Todesstrafe vorgesehen.

In Biberach wurden noch im frühen 17. Jahrhundert nach einer Gerichtsentscheidung die abgeschlagenen Köpfe von zwei Wilderern ausgestellt. 1546 hängten württembergische Forstleute einen ertappten Wilderer sogar ohne Gerichtsverfahren einfach im Wald auf. Auf dem Gebiet des Erzstiftes Salzburg soll einmal ein Wilderer in ein Hirschfell eingenäht und anschließend von Hunden zerrissen worden sein.

Wilderer als Galeerenruderer

Nach dem Dreißigjährigen Krieg (1618–1648) wurden die Strafen für Wilderei geändert, und die Zwangsarbeit rückte nun in den Vordergrund. Um keine Pause einlegen zu können, wurden Wilderer während ihrer Zwangsarbeit manchmal mit Ketten an eine Schubkarre angeschmiedet, die sie anschließend, beladen oder unbeladen, ständig umherschieben mußten. Bereits um 1588 mußten manche verurteilte Wilderer ihren Gefängnisaufenthalt in Form von Kost und Logis selbst bezahlen. Dennoch ließ sich die Zahl der Wilderer nicht vermindern. Die Herzöge von Württemberg machten schließlich ein einträgliches Geschäft daraus: Wilderer aus ihrem Land wurden vergleichbar den antiken Sklaven mit hohem Gewinn als Galeerenruderer nach Frankreich verkauft. Die Idee war nicht neu, denn schon Mitte des 16. Jahrhunderts wurden in Esslingen rund achtzig in Ketten geschmiedete junge Männer gemeinsam an Frankreich übergeben.

Die Tricks der Räuberinnen

Im Jahre 1510 erschien ein kleines Büchlein mit dem Titel »Liber vagatorum« (»Buch der Fahrenden«), in dem ein unbekannter Autor Räubern und Räuberinnen sowie anderen Mitgliedern des fahrenden Volks Ratschläge gab, wie sie in ihrem Gewerbe besonders erfolgreich sein könnten. Auch die geheime Sprache der Räuber, das Rotwelsch, wurde erwähnt. Die Sprache zeichnet sich durch ein eigenständiges Vokabular aus. »Bschiderich« etwa bedeutet »Amtmann«, »Gugelfrentzin« steht für »Nonne« und »Wintfang« für »Mantel«. Jedes Kapitel des Buches war einem bestimmten Schwerpunkt und den damit verbundenen erfolgversprechenden Tricks gewidmet.

Während männliche Räuber in der Regel auf brutale Gewalt setzten, gingen Räuberinnen meist weitaus geschickter vor. Sie schlugen nicht zu, sondern bettelten und übten sich mit großer schauspielerischer Begabung als raffinierte Simulantinnen, die Ströme von Mitleid auslösen konnten.

»Der schwangere Mann«

Ein überragender Ertrag an Geld und Sachspenden wurde in dem Büchlein jenen Frauen in Aussicht gestellt, die sich vor einer Kirche auf verdreckte Decken legten, den Körper sorgfältig mit blutverschmierten Tüchern zudeckten und dann unter großem Jammern behaupteten, sie hätten gerade ein Kind zur Welt gebracht und bräuchten dringend Hilfe. Wenn sie dabei noch voller Überzeugung, mit viel Gestik und unter Tränen unterstrichen, ihr armes Kind sei gerade verstorben und fromme Menschen hätten es bereits weggebracht, dann würden sie mit Geschenken geradezu überhäuft werden. Das Büchlein nannte diese Simulantinnen »Dützbetterinnen«. In Straßburg sorgte einmal eine vermeintlich »schwer kranke und fast sterbende Dützbetterin« für eine besondere Überraschung. Als ihr mitleidige Menschen helfen wollten und das verdreckte Tuch, mit dem sie sich bedeckt hatte, anhoben, lag ein Mann darunter. Er wurde sofort in ein Halseisen gelegt und anschließend aus der Stadt gejagt.

In Pforzheim erzählte 1509 eine Frau jedem Passanten, den sie auf der Straße traf, der Teufel sei während ihrer Schwangerschaft in sie gefahren, und sie habe deshalb neben einem Kind noch eine Kröte zur Welt gebracht. Diese Kröte habe sie allerdings sofort an einen Wallfahrtsort zur heiligen Jungfrau Maria gebracht, damit sie dort zusammen mit dem Bösen jederzeit unter Kontrolle sei und die Welt dadurch frei von Unheil bleiben könne. War diese Geschichte an sich schon merkwürdig, so waren die Folgerungen geradezu dreist. Den Aussagen der Frau zufolge benötigte die Kröte jeden Tag ein Pfund Fleisch, das sie als Gebärerin auf-

Liber Vagatorum – der Bettler Orden (1510)

bringen mußte. Sie würde deshalb dringend Geld benötigen. Um das Böse von der Welt fernzuhalten, sei sie außerdem gerade auf dem Weg zu einem Bischof, der in einer Predigt auf das mögliche Unheil durch die Kröte hinweisen wollte. Viele Passanten fielen tatsächlich auf diese haarsträubende Geschichte herein. Später wurde allerdings bekannt, daß in einem Wirtshaus am Rande der Stadt regelmäßig ein Mann auf die geschäftstüchtige Frau wartete, und daß sie dort ihre Einnahmen mit ihm teilte. Nun wurden Wächter ausgeschickt, um die Frau und den Mann zu verhaften und ins Gefängnis zu werfen. Doch beide wurden vermutlich gewarnt, denn sie waren und blieben verschwunden.

Durchtriebene Frauen

»Sündfegerinnen« waren durchtriebene Frauen, die in einer meist sehr frommen Umgebung mit unbeirrbarer Stimme behaupteten, sie wären früher einmal Prostituierte gewesen und hätten dem Laster nun abgeschworen. Ihr neu gewonnener Glaube habe sie für alle Zeiten völlig geläutert; sie wollten jetzt nur noch der heiligen Maria Magdalena folgen und nie mehr der »Fleischeslust« frönen. Um nicht erneut in die Prostitution zurückzufallen, benötigten sie allerdings zum Überleben einige kleine Almosen. Für eine solche Rolle war ein gewisses schauspielerisches Talent notwendig, das insbesondere an Klosterpforten und in Pfarrhäusern gut kalkulierbare Erfolge versprach.

»Billträgerinnen« zeigten dagegen schon durch ihre äußere Erscheinung an, daß demnächst große Probleme auf sie zukämen und sie jetzt schon Hilfe oder Unterkunft benötigten. Diese Frauen hatten Kissen oder andere Textilien unter der Kleidung versteckt und erweckten damit der Eindruck, als stünden sie kurz vor der Niederkunft. Reagierten angesprochene Menschen auf ihre Geschichte, mußten sie unbeirrt und überzeugend ihre Rolle weiterspielen. Meisterinnen ihres Faches erhielten dann mindestens eine Mahlzeit oder kleine Geldgeschenke. Allerdings war der Trick recht bekannt. Er hieß in der Räubersprache »mit der Bille gehen« (= eine Schwangerschaft vortäuschen) und funktionierte zuletzt nur noch in der tiefsten Provinz.

Um die anspruchsvolle Rolle einer »Veranerin« erfolgreich zu spielen, mußte eine Frau sichere Kenntnisse über die unterschiedlichen Religionen besitzen und die Gläubigkeit der Menschen genau einschätzen können, denn Veranerinnen behaupteten, sie seien früher einmal Jüdinnen gewesen und hätten sich nun aber taufen lassen. Alle jüdischen Gemeinschaften hätten sie deshalb verstoßen, und sie müßten die Nähe zu den Christen suchen. Durch ihr Wissen über zwei Religionen hätten sie allerdings besondere Fähigkeiten erworben. Sie seien in der Lage, von Gott zu erfahren, ob verstorbene Menschen im Himmel oder in der Hölle weilten. Redegewandt gingen sie deshalb von Haus zu Haus und boten gegen Geld den neugierigen Bewohnern eine Auskunft über das Schicksal ihrer verstorbenen Verwandten an. Nur mit Hilfe von Veranerinnen könnten ihrer Aussage zufolge die fragenden Menschen wissen, ob etwa der verstorbene Vater oder die verstorbene Mutter noch im Fegefeuer oder bereits im Himmel bzw. im schlimmsten Fall sogar in der Hölle seien. In Abhängigkeit von der Geldspende konnte natürlich diese Aussage unterschiedlich ausfallen und dem Fragesteller Freude oder Leid bescheren.

Söldnerheere

Für die Bevölkerung des 16. und 17. Jahrhunderts glichen Söldnerheere oft großen Räuberbanden, die wie Heuschrecken über ein Land herfielen und es ausraubten. Die Disziplin in einem solchen Heere war meist problematisch, und nur die eiserne Faust der Heerführer sowie ihrer Helfer konnte es zusammenhalten. Ein stehendes und gut ausgebildetes Heer mit Soldaten in Kasernen gab es noch nicht. Heere wurden bei Bedarf aufgestellt und wieder aufgelöst, wenn sie nicht mehr notwendig waren. Stand ein Krieg bevor, gab der Kriegsherr seinen Heerführern und Obristen, die meist aus dem Adel stammten, zunächst eine größere Geldsumme, damit sie Landsknechte anwerben konnten. Diese kämpften in der Regel ausschließlich für Geld, ihren Sold, und hatten zu dem Landesherrn, dessen Heer sie nun beitraten, kaum eine innere Beziehung. Sie gehörten ganz verschiedenen Schichten an und konnten aus ganz Europa stammen. Durch ihre fehlende innere Bindung an den Kriegsherrn und seine Sache sowie durch ihre Geldgier galten sie als unzuverlässig.

Stand das Geld bereit, wurden Werber ausgeschickt, die, um Interessenten zu beeindrucken, eine Art »Werbeschau« abzogen. Farbenprächtige Fahnen wurden auf Märkten und an anderen zentralen Plätzen gehißt. Trommelwirbel lockten die meist völlig ungebildeten, dafür aber abenteuerlustigen Männer an. Söldner der höheren Ränge erzählten beeindruckende Abenteuergeschichten und verwiesen auf große Verdienstmöglichkeiten. Angeworbene Söldner wurden durch Handschlag begrüßt und erhielten ein Werbegeld von etwa zwei Gulden, das später mit dem gezahlten Sold verrechnet wurde. Sie gingen einen Vertrag auf Zeit ein und erkannten gleichzeitig bestimmte Ordnungs- und Disziplinierungsvorschriften an, denn im Söldnerheer selbst sollte Friede herrschen. Den Trainingsstand der Ritter des Mittelalters hatten Söldner am Beginn eines Krieges nicht. Sie wurden deshalb durch Drill und Waffenübungen auf ihren Kampf vorbereitet und lernten, auf Kommandos exakt zu reagieren. Meist kämpften sie in Verbänden und waren selten wie einst die Ritter erfahrene Einzelkämpfer. Den höchsten Trainingsstand hatten die Schweizer Gewalthaufen, die als eine im Kampf erfahrene und aufeinander eingespielte Truppe von interessierten Kriegsherren komplett gemietet werden konnten und deshalb besonders gefürchtet waren. Ihre Organisation und Kampftechniken waren für die europäischen Söldnerheere ein Vorbild.

Söldner waren meist brutale Gesellen mit häufig krimineller Vergangenheit. Waren sie vor Verbrechen auf der Flucht, konnten sie gut in einem Heer untertauchen; oft versteckten sich sogar komplette Räuberbanden in den Heeren. Söldner sahen sich als Kriegshandwerker und wurden nur aktiv, wenn der zugesagte Sold regelmäßig gezahlt wurde und seine Höhe ihrer Meinung nach stimmte. Es wurde deshalb bereits bei der Anwerbung genau festgelegt, wieviele Monate der Feldzug in etwa dauern könnte. Um sein Heer überhaupt zu motivieren, mußte der französische König Franz I. seine Söldner einmal unabhängig von der Dauer des Krieges zehn Monate lang bezahlen und am Tag vor einer Schlacht noch einmal einen kompletten zusätzlichen Monatssold als Prämie verteilen.

Kam es in den Soldzahlungen zu Unregelmäßigkeiten, waren Meutereien kaum auszuschließen. Manche Heerführer ließen dann Städte plündern, um die Disziplin ihrer wilden Truppen wieder zu heben und

Reisige und Landsknechte überfallen Bauern (Holzschnitt, um 1530)

die Männer erneut verträglich zu stimmen. Für mögliche Plünderungen trugen Söldner stets Säcke bei sich, in denen die Beute als ein hochwillkommener Zusatzverdienst rasch verstaut werden konnte.

Sacco di Roma – Rom wird in den Sack gesteckt

Am 22. Mai 1526 schlossen sich Frankreich, der Kirchenstaat sowie Venedig, Mailand und Florenz zu einem Waffenpakt zusammen, den sie die Heilige Liga zu Cognac nannten und der ein Gegengewicht zur Macht des deutschen Kaisers bilden sollte. Kaiser Karl V. mußte nun reagieren und ließ seine Söldnerheere aufmarschieren. Der alte Haudegen und Heerführer Georg von Frundsberg rückte sofort mit einem deutschen Söldnerheer über die Alpen nach Italien vor. Es war geplant, unterwegs ein spanisches Söldnerheer unter dem Kommando Karls von Bourbon zu treffen und sich zu vereinen. Bei einer Meuterei in seiner wilden Truppe hatte sich allerdings Frundsberg so sehr aufgeregt, daß er einen Schlaganfall erlitt und sein Heer verlassen mußte. Das gesamte Kommando übernahm nun Karl von Bourbon, der zunächst die 30 000 Mann der beiden vereinten Söldnerheere in Richtung Rom marschieren ließ. Die Disziplin der Truppen war schlecht, denn sie hatten seit längerer Zeit keinen Sold mehr erhalten. Um die Stimmung zu heben, erlaubte ihnen Bourbon, Rom im Sturm zu nehmen und anschließend in den Sack zu stekken, was in der Söldnersprache bedeutete, daß Rom geplündert werden sollte. Bei diesem Versprechen hellte sich die Stimmung der Söldner angesichts der zu erwartenden Beute auf, und es wurde gefeiert.

Der Sturm auf Rom begann am 5. Mai 1527. Bereits am ersten Tag fiel Karl von Bourbon bei einem Angriff, so daß das Heer plötzlich ohne zentrales Kommando war. Den Unterführern war diese neue Lage völlig gleichgültig; sie wollten nur an die Beute kommen. Ohne Kontrolle und beutegierig strömten nun 30 000 Söldner in die Stadt und begannen an der Piazza Navona mit der Plünderung. Die Gewalt breitete sich schnell in der ganzen Stadt aus. Ritter Schwertlin aus Frundsbergs wilder Truppe notierte später unbeeindruckt in seinem Tagebuch: *Den sechsten Tag May haben wir Rom im Sturm genommen, 6000 Mann darin zu todt geschlagen, die Stadt geplündert, in allen Kirchen und ob der Erd genommen, was wir gefunden, ein guter Teil der Stadt ist abgebrannt.*

Umherziehender Landsknecht (Holzschnitt, 16. Jahrhundert)

In der Nacht vom 6. auf den 7. Mai erreichten die Plünderungen einen Höhepunkt und versetzten die Söldner in einen Rauschzustand. Weder Frauen noch Kinder wurden verschont. Zahlreiche Hausbesitzer entgingen den Brandschatzungen und dem Totschlag nur, weil sie ein hohes Lösegeld zahlten. Kardinal Andrea della Valle soll einem Söldnerführer viele tausend Dukaten zugesteckt haben, um sein Leben und seinen Palast zu retten. In den diplomatischen Vertretungen wurde trotz der dort eigentlich garantierten Neutralität gestohlen und gemordet. Die Beute war überwältigend. Allein aus dem Palast des portugiesischen Gesandten sollen 500 000 Dukaten geraubt worden sein. Praktisch alle Paläste Roms wurden leergeräumt. Ein schlimmes Schicksal erwartete die Paläste, deren Bewohner Widerstand leisteten. Sie wurden mitsamt den Bewohnern einfach in die Luft gesprengt und anschließend ausgeraubt. Im Campo Marzo versuchte die Besitzerin eines Palastes, sich mit einem langen Seil zur Straße hinab zu hangeln. Söldner entdeckten sie und veranstalteten ein Preisschießen auf die Frau.

Im Vatikan erreichte die Plünderungswelle schließlich ihren Höhepunkt. Sogar die Gräber einiger Päpste wurden geöffnet und nach Wertgegenständen durchwühlt. Die Leiche von Papst Julius II. wurde im Sarg ausgeraubt. Am Sarg von Papst Sixtus IV. gelang die Plünderung allerdings nicht. Es fand sich nicht genügend Pulver, um das massive Grabmal aus Bronze in die Luft zu sprengen. Über die wertvolle Bibliothek des Vatikans hielt ein Söldnerführer noch im letzten Augenblick seine schützende Hand. Er behauptete, von nun an hier zu wohnen und warf die Plünderer hinaus. Neben gewaltigen Geld- und Sachwerten gingen auch zahlreiche Kunstschätze für immer verloren. Große Gemälde und Fresken blieben dagegen meist unbeschädigt. Was die Söldner nicht verkaufen konnten, ließen sie meist einfach liegen. Geraubt wurden fast nur kleinere und tragbare Kunstwerke und vor allen Dingen Goldschätze sowie Juwelen, die in die »Säcke« der Söldner paßten. Zahlreiche größere Kunstwerke wurden dagegen im Plünderungsrausch noch vor Ort sinnlos zerstört.

Die Plünderung Roms dauerte einige Tage und wurde immer wieder von wüsten Trinkgelagen unterbrochen. Zeitgenössische Dokumente schilderten später den »Sacco di Roma« in grellen Farben: Straßen und Plätze sollen den Aufzeichnungen nach mit Trümmern und Leichen bedeckt gewesen sein. Betrunkene Söldner hätten ihre Beute durch die brennenden Straßen geschleppt und sinnlose Zerstörungen angerichtet. Gefangene wurden gemacht, um Lösegeld zu erpressen. Wurde das Lösegeld nicht schnell genug bezahlt, wurden die Gefangenen umgehend getötet. In den Kirchen hätten die Söldner wüste Orgien gefeiert, und die Huren Roms hätten auf den Altären getanzt. Lutherische »Ketzer« und sogar Spanier und Italiener hätten die Kleidung der Kardinäle angezogen und kirchliche Rituale verspottet.

Lange Zeit wurde die Plünderung Roms von 1527 zu Propagandazwecken ausgeschlachtet und jeweils unterschiedlich ausgelegt. In Abhängigkeit vom Standpunkt waren dann entweder die Spanier oder die Deutschen die größeren Totschläger. Allgemein wurde mitgeteilt, die deutschen Söldner hätten hauptsächlich nur Beute machen wollen. Römische Bürger nahmen sie gefangen, um Lösegeld zu erpressen. Allerdings hätten sie fürchterlich viel getrunken und anschließend in berserkerhafter Wut alles kurz und klein geschlagen. Die »spanischen Teufel« dagegen hätten mit ihren Messern herumgefuchtelt, die Menschen niedergemacht und Frauen und Mädchen vergewaltigt. Oft hätten deutsche Söldner sogar kleine Mädchen beschützt. Im Alkoholrausch wären die deutschen Söldner allerdings unberechenbar gewesen und hätten Furcht und Schrecken verbreitet.

Der Dreißigjährige Krieg

Im Dreißigjährigen Krieg von 1618 bis 1648 erreichte der Schrecken der Söldnerheere schließlich seinen Höhepunkt. Bereits wegen Kleinigkeiten kam es zu Morden. Unzählige Dokumente schildern diese furchtbare Zeit eindrücklich. Die Mehrheit der Kämpfe des Dreißigjährigen Krieges spielte sich auf dem Gebiet der deutschen Länder und Staaten ab. Vor dem Krieg waren die Länder wohlhabend und standen in einer kulturellen Blüte. Nach dem Krieg waren viele Menschen tot und der Rest der Bevölkerung völlig verarmt. Städte und Dörfer waren zerstört und entvölkert. Gaunereien, Räubereien, Mord und Totschlag waren an der Tagesordnung.

Kriegsfinanzierung durch Raub

Feldmarschall Tilly, ein Feldherr des Kaisers, hielt zu Beginn des Dreißigjährigen Krieges ein Heer von 40 000 Söldnern für wünschenswert.
Ein größeres Heer könnte seiner Vorstellung nach auch der reichste
Kriegsherr kaum finanzieren und selbst der beste Feldherr während einer Schlacht kaum überblicken. In Abhängigkeit von der Waffengattung
konnten gemeine Fußsoldaten zwischen fünf und sechzehn Gulden pro
Monat verdienen, so daß ein so großes Heer allein durch den Sold un-
glaublich teuer zu unterhalten war. Wurde der Sold nicht regelmäßig gezahlt, kam es zu Meutereien und Aufständen, und in der Truppe war anschließend an keine echte Disziplin mehr zu denken. Für einen Aufstand
hatten beispielsweise die böhmischen Stände 1619 ein Heer von 25 000
Söldnern zusammengekauft. Als es größere Rückstände in der Soldzahlung gab und ein strenger Winter bevorstand, desertierten die Söldner
zuletzt vor Hunger einfach.

Dauerte ein Krieg sehr lange und wurde dabei das Geld knapp, wurden Münzen zur Soldzahlung manchmal gefälscht. Zurückgegriffen
wurde dabei auf eine Methode, die schon die römischen Kaiser kannten:
Das Silber zur Prägung der Münzen, wie etwa die Silbertaler, wurde mit
Blei vermischt und damit in der Menge gestreckt. Nun konnten mit dem
vorhandenen Silber viel mehr »Silbertaler« als vorher geprägt werden.
Damit die Fälschung nicht auffiel, wurden die frischen Münzen kurz in
eine milde Säure eingelegt, um das Blei an der Oberfläche zu entfernen.
Anschließend glänzte die Münzoberfläche wie aus reinem Silber. Doch
nicht alle Söldner ließen sich hereinlegen. Viele bissen am Zahltag auf
ihre Münzen, um zu prüfen, ob diese durch und durch echt waren. Traf
dies nicht zu, gab es Streit, und die Moral der Truppe wankte. Ohne Sold
hatte kein Söldner Lust zu kämpfen.

Zur Finanzierung des Krieges fanden die Kriegsherren schließlich
eine Lösung, die alle bisherigen Wertvorstellungen auf den Kopf stellte
und die Länder mitsamt ihrer Bevölkerung ruinierte: Der Krieg mußte
den Krieg finanzieren. Um an neue Finanzmittel für die Kriegsführung
zu kommen, wurde der Krieg einfach ausgeweitet. Söldnerheere fielen
dann in ein Land ein und raubten es solange aus, bis die nötigen Geld-
mittel für den weiteren Kriegsverlauf zur Verfügung standen. Schwedi-

Überfall auf einen Gepäckzug (Sebastian Vrancx, 1573–1647)

sche Truppen zum Beispiel stellten nach der Eroberung von Mainz allein an die Jesuiten der Stadt die Forderung nach einem Kriegsbeitrag in Höhe von 400 000 Talern, der natürlich nicht aufgebracht werden konnte. Damit das Geld dennoch zusammenkam, wurde geplündert, und wertvolle Kunstschätze verschwanden. Menschen vergruben ihre Wertgegenstände und flohen halbverhungert in die Wälder, um sich zu verstecken. Doch nicht nur das Heer als Ganzes plünderte und raubte. Auch die einzelnen Söldner griffen privat zu und raubten für die eigene Tasche, denn nur durch Raub und Mord konnte ein Söldner zu einem Vermögen kommen.

Das Söldnerlager

Mit einem Söldnerheer waren weit mehr Menschen als nur die kämpfenden Einheiten unterwegs. Jeder einzelne Söldner, angefangen vom Feldherrn bis zum gemeinen Fußsoldaten, führte in der Regel noch seine Familie einschließlich der Kinder mit sich. Dazu kam noch ein gewaltiger Anhang von Handwerkern, Lagerhuren, Marketendern, Kaufleuten, Wirten oder anderen Fachleuten sowie zuletzt auch die für die Söldner so wichtigen Aufkäufer ihrer Beute. Für die Frau eines Obristen, die sogenannte Meisterin, stand meist eine kostbare Kutsche bereit, während die Frauen der einfachen Troßknechte oder Fuhrleute mit ihren zahlreichen Kindern auf hochbeladenen Karren saßen oder sogar neben dem Troß herliefen. Ein Söldnerregiment von rund 3000 Mann verfügte über etwa 300 Wagen sowie mindestens 6000 weitere Personen, die zum Troß gehörten und für die Söldner arbeiteten, nicht mitgezählt die oft große Schar der Familienangehörigen.

Suchte eine Heereskolonne einen Lagerplatz, wurden Feldquartiermeister mit ihren Gehilfen vorgeschickt. Mit Vorliebe wählten sie Plätze, die eine gute Sicht gewährleisteten und leicht zu verteidigen waren, wie zum Beispiel an Flußschleifen oder auf Anhöhen. Sie steckten dann die Lagergrenzen mit Zweigen ab und legten die zukünftigen Lagerstraßen fest. Danach wurden Erdlöcher für die Latrinen gegraben, Laub- oder Bretterhütten gebaut und geschützte Plätze für die Luxuszelte der Feldherren und Offiziere freigehalten. Am Rand des Lagers sammelten sich Männer für erste Schanzarbeiten, um die Verteidigungsmöglichkeiten zu verbessern. Bewohner aus der Umgebung wurden gezwungen, bei den Arbeiten zu helfen.

Mit viel Lärm rückten schließlich die endlos langen Heereskolonnen an, und Kommandos in vielen Sprachen ertönten. Fahnen wurden gehißt und Trommelsignale kündigten Befehle an. Die Männer bezogen in den Hütten, Höhlen oder Erdlöchern Quartier. Hieb- und Stichwaffen sowie Rüstungen wurden sorgfältig gereinigt und stets greifbar vor den Hütten im Freien gelagert. Nur Gewehre, Pistolen und Musketen durften in das Quartier mitgenommen werden, da das Pulver trocken bleiben mußte. Zuletzt wurden noch die verschiedenen Läden der Marketender aufgebaut, und auch Bäcker, Metzger oder Schankwirte boten ihre Waren an. In ihren fahrenden Küchen bereiteten »Sudelköche« Mahlzeiten, um die Hungrigen zu bedienen.

Kaum war das Lager aufgebaut, riefen Drillmeister die Söldner für Kampfübungen zusammen. Danach folgten meist Saufgelage, bei denen gesungen und musiziert wurde und die Söldner die Entspannung des Augenblicks genießen konnten. Allgemein saß der Sold sehr locker und wurde häufig verpraßt. War das Geld eines Söldners aufgebraucht, notierte der Wirt dessen Schulden auf einem »Kerbholz«. Mit dem nächsten Sold oder der Beute mußten diese bezahlt werden. »Schelmenbeine« (Würfel) wurden geworfen und erste Einsätze gemacht.

Während ein Heer lagerte, kümmerten sich die Frauen intensiv um Kranke und Verwundete. Für die Kinder öffnete meist recht schnell eine der Wanderschulen, in denen strenge militärische Disziplin herrschte. Für sie gehörte der Krieg zum Alltag. Manchmal brachten sie sogar ihren Vätern in den Gefechtspausen Essen ins Feld.

Die zahlreichen »Scholderer« (Bankhalter) legten im Kreis ihrer Kunden ihre Mäntel auf den Boden, und Söldner tauschten mißtrauisch untereinander die Beute oder ließen den Wert schätzen. Besonders wertvolle Beutestücke wurden allerdings versteckt und niemandem gezeigt, da man sich auch untereinander nicht traute und einen Diebstahl fürchtete. Danach ging es mit den Säcken voller Beute zu den Aufkäufern, wo um die Preise gestritten wurde. Waffen durften dabei nach den strengen Lagerregeln nicht gezogen werden. War der Beutel zuletzt voller Münzen, waren die Söldner zufrieden. Sie erwarben von dem Geld teure Kleidungsstücke oder Tonpfeifen zum »Tabaktrinken« (Rauchen). Lagerhuren wurden teuer beschenkt, um deren Gunst zu gewinnen. Sehr kostspielig waren insbesondere Beschwörungszettel, Zauberzeichen oder Amulette, die angeblich sogar Waffenhiebe und Kugeln ablenken konnten. Trug man eine Vielzahl solcher Zauberamulette, sollte man angeblich unverwundbar sein, denn jede Kugel pralle ab. Die Furcht vor dem Tod war in den Söldnerlagern also so präsent, daß man Geschäfte damit machte.

Solange gelagert wurde, sammelten die verheirateten Söldner ihre Familien um sich. Ihre Ehefrauen kochten und führten ihnen den Haushalt. Unverheiratete Söldner konnten sich eine Lagerhure aussuchen und sie für die Dauer des Lagers als »Beischläferin« in ihrer Hütte melden. Über die Frauen im Söldnerlager regierten die sogenannten Hurenweibel, meist ältere Söldner, die aus Gesundheitsgründen nicht mehr kämpfen konnten. Sie führten ein strenges Regiment und schlugen bei Streitigkeiten zwischen den Frauen mit langen Stöcken zu. Viele der Lagerhuren waren frech, aufsässig und stahlen. Meldete ein Söldner, daß ihn eine Lagerhure bestohlen hatte, konnte der Hurenweibel die Buben auf sie hetzen. Buben waren verwahrloste Jugendliche, die von zu Hause weggelaufen waren oder keine Eltern mehr hatten. Sie kümmerten sich um die Pferde und waren für andere Handlangerdienste zuständig. Schickte ein Hurenweibel die Buben zu einer Lagerhure, vergewaltigten diese unter dem Gejohle der Söldner nacheinander die Frau. Manche Frauen wurden dabei so schwer verletzt, daß sie anschließend starben.

Damit das Heer nicht zu einer einzigen großen Räuberbande wurde, gab es strenge und meist brutale Strafen, denn nur mit Erlaubnis des Feldherrn durfte ungestraft geraubt, vergewaltigt und getötet werden. Schnell drohte die Todesstrafe. Mildere Strafen für den gemeinen Söldner waren Soldabzug, das Sitzen auf einem Schandpferd aus Holz oder das Anketten an einen Schandpfahl. Feiglinge und Meuterer mußten durch »die Gasse laufen«: Söldner mit Stöcken bildeten dazu eine Gasse, und der Delinquent mußte unter Stockschlägen hindurchlaufen, was häufig tödlich für ihn endete. Nur der Fähnrich konnte in solchen Fällen helfen. Er hatte das Recht, dem Verurteilten vom anderen Ende der Gasse mit der Fahne entgegenzulaufen. Sobald dieser unter dem Schutz der Fahne stand, durfte er nicht mehr geschlagen werden.

Dennoch waren die tatsächlichen Konsequenzen von Schandtaten für die Söldner gering, denn kaum ein Feldherr interessierte sich ernsthaft für ihre Vergehen. Viele Strafandrohungen existierten allein auf dem Papier, und nur manchmal griffen die Feldherren durch. Manche gestatteten sogar, wenn es mit der Disziplin des Heeres nicht zum besten stand, Plünderungen, bei denen nicht selten viele Menschen getötet wurden. Sexuelle Gewalt gegenüber der Zivilbevölkerung wurde während solcher Ereignisse oft als Belohnung für die kämpfenden Truppen angesehen und selten unterbunden. Selbst Regimentsführer und Inhaber vergleichbar hoher Ränge plünderten. Die Fürsten selbst allerdings machten sich nicht die Hände schmutzig, sondern ließen plündern. Nach einem Sieg wählten sie meist aus der ihnen großzügig vorgelegten Beute die besten Stücke für ihre Schatzkammer aus.

Marodeure

Die sogenannten Marodeure waren stets im Umfeld eines Söldnerheeres tätig. Der Begriff Marodeur ist von dem französischen Wort maraud (»Lump«) abgeleitet. Im Volksmund wurden sie manchmal Saufänger, Schnapphähne, Heckenbrüder und Waldfischer genannt.

Marodeure lungerten im Umfeld eines Söldnerlagers herum oder folgten den Söldnerkolonnen. Hauptsächlich spionierten sie nach möglicher Beute und gingen dabei sehr gerissen vor. Um spurenlesende Verfolger zu täuschen, trugen sie ihre Schuhe manchmal verkehrt herum oder ritten auf Pferden, deren Hufeisen ebenfalls verkehrt herum angeschlagen waren. Große militärische Stärke wurde von ihnen durch einen Schuß mit doppelter Ladung auf eine leere Tonne vorgetäuscht. Dabei entstand ein lauter Knall, der wie ein Kanonenschuß klang. Fußsoldaten, die ihnen eventuell gefolgt waren, flüchteten meist, denn sie mußten befürchten, direkt vor einer Artilleriestellung zu stehen. Gern waren Marodeure auch unauffällig in Frauenkleidern unterwegs oder verkleideten sich als einheimische Bauern. Nachrichten übergaben sie einander in Geheimschriften auf winzigen Zetteln, die manchmal als kleine Kugeln im Ohr versteckt waren. Führten sie Hunde mit sich, waren in deren zotteligem Fell ebenfalls häufig geheime Nachrichten verborgen. Diese Hunde wurden unauffällig an Kontaktpersonen übergeben.

Fanden Marodeure etwa versteckte Herrensitze, kleine Städte oder auch nur Dörfer und einzelne Bauerhöfe, die reiche Beute versprachen, wurde sofort zugegriffen. Meist arbeiteten sie auf eigene Rechnung. Ihnen ging es allein um die Beute. Geld und Wertsachen steckten sie sofort in die eigenen Taschen, während sie Lebensmittel an Söldnerheere vermittelten. Nicht selten wurden sie gegen die Weitergabe von Anteilen ihrer Beute oder von wichtigen militärischen Informationen auch von höchsten Stellen gedeckt und konnten ungestraft ihre Verbrechen begehen.

Die weitgehend ungeschützte Landbevölkerung war das Hauptziel der Marodeure und ihrer Raubaktionen. Bauern konnten sich bestenfalls verstecken, aber kaum wirkungsvoll verteidigen. Häufig gruben sie unter ihren Häusern geheime Höhlen. Durch raffiniertes Vorgehen konnten Marodeure allerdings immer wieder die verängstigten Menschen in ihren Verstecken aufstöbern. Der Bauer, seine Familienangehörigen und sein Gesinde wurden dann aus dem Hinterhalt überfallen, festgehalten und mit besonders sadistischen Methoden nach verborgenen Wertgegenständen und Vorräten ausgefragt. Kein Erbarmen gab es, wenn die Opfer etwa schwiegen oder jammerten. Stets gingen Marodeure bei einem Verhör mit äußerster Brutalität vor und quälten Menschen scheinbar geradezu genüßlich: Der berüchtigte »Schwedentrunk« bestand beispielsweise darin, daß der Mund eines Opfers mit zwei spitzen Hölzern gewaltsam geöffnet wurde, um ihm Jauche in den Rachen zu gießen. War das gequälte Opfer kurz vor dem Ersticken, wurde mit gespielter Freundlichkeit gefragt, wo denn die Taler wohl versteckt seien. Anderen Opfern wurden »spanische Stiefel« angelegt. Dazu kamen die Beine in einen Schraubstock, der solange zugedreht wurde, bis Blut spritzte. Eine weitere Spezialität der Marodeure war es, dem Opfer ein Roßhaar durch ein in die Zunge gestochenes Loch zu ziehen und dann, während das Opfer voller Schmerzen in Panik schrie, mit einem Fiedelbogen wie auf einer Geige zu spielen.

Der sadistischen Phantasie von französischen Söldnern entstammte schließlich die Methode, ein Opfer in einen Backofen zu schieben und bei kleinem Feuer zu rösten. Deutsche Söldner hingegen besetzten einen Strick mit Knöpfen und wanden ihn dann um die Stirn und das Hinterhaupt eines Opfers. Anschließend wurde der Strick langsam zugedreht, bis die Schädelknochen unter dem Druck der Knöpfe knackten. Eine weitere Foltermethode der Marodeure bestand angeblich darin, die blanken Fußsohlen des Opfers mit Salz zu bestreuen und dann eine Ziege das Salz solange ablecken zu lassen, bis der Betroffene unter schmerzhaften Lachkrämpfen zuckte.

Nach dem großen Krieg

Nach dem Dreißigjährigen Krieg war Deutschland nicht mehr das Land, das es zuvor gewesen war. Gewalt, Hunger und Krankheiten hatten in Mitteleuropa unzählige Menschenleben gefordert. Die wirtschaftliche Grundlage der Bevölkerung war in großen Landstrichen weitgehend zerstört. Die Felder waren viele Jahre lang nicht mehr bestellt worden, Handwerk und Handel lagen vielerorts danieder, und in manchen Gegenden lebten nach Kriegsende kaum noch Menschen. Reiter konnten über Stunden unterwegs sein und nur verkohlte Dorfruinen ohne Bewohner und verwilderte Äcker auffinden. Der Lebensalltag blieb lange Zeit auf die wesentlichen Bedürfnisse beschränkt; an einen kulturellen und geistigen Neubeginn war kaum zu denken. Noch Jahre nach dem Ende des Krieges war der Zustand der bewohnten Dörfer trostlos, denn die Bauern hatten nicht genug Geld, um ihre verfallenen Häuser zu reparieren.

Städte, die besonders gelitten hatten, wie etwa Magdeburg, erholten sich ebenfalls nur langsam. Magdeburg war 1631 von dem kaiserlichen Feldherrn Tilly in einem Feuerinferno niedergebrannt worden. Von den ursprünglich rund 30 000 Einwohnern hatten nur etwa 10 000 die Katastrophe überlebt. Noch ein Jahr später konnten in den Trümmern der Häuser Reste von verkohlten Leichen gefunden werden. Die Überlebenden waren geflohen. Nach einem Verzeichnis der Magdeburger Stadtbewohner waren 1632 erst rund 200 Überlebende zurückgekehrt. Auch Städte, die durch den langen Krieg weniger stark als andere heimgesucht worden waren, mußten enorme Einwohnerverluste hinnehmen. Die wohlhabende Reichsstadt Augsburg, Sitz des berühmten Handelshauses der Fugger, hatte vor dem Beginn des Dreißigjährigen Krieges noch rund 45 000 Einwohner und war damit eine Metropole. Nach dem Friedensschluß lebten dort nur noch etwa 16 000 Menschen, die um ihr Überleben kämpfen mußten.

Arbeitslose Söldner

Für zahlreiche Menschen war der Friede eine persönliche Katastrophe. Viele Söldner waren über Jahre umhergezogen, hatten gemordet und geraubt und konnten sich nun nicht mehr an ein normales Leben gewöhnen. Mit dem Friedensschluß wurden die Söldnerheere einfach aufgelöst und die Soldaten ihrem Schicksal überlassen. Eine ganze Generation lang hatten die Menschen nur den Krieg gekannt, und Kinder waren mit Raub und Mord groß geworden. Diese Menschen wußten nach dem Ende der Gewalt auf einmal nicht mehr, was sie mit dem Frieden anfangen sollten.

Viele der arbeitslosen Söldner konnten nirgendwo unterkommen. Bauern und Söldner waren durch Kriegserfahrungen für Generationen zu Todfeinden geworden und trauten sich gegenseitig nicht mehr über den Weg. Söldner taten deshalb auch im Frieden das, was sie bereits vorher gemacht hatten: Sie wandten sich erneut der Gewalt zu, rotteten sich zu Räuberbanden zusammen und raubten und mordeten wie gewohnt. Die Überfälle nahmen daher auch in Friedenszeiten kein Ende. Von nun an wurde jedoch nicht mehr für einen Feldherrn, sondern im kleineren Rahmen und auf eigene Rechnung gekämpft. Zu den Räuberbanden aus ehemaligen Söldnern kamen schließlich noch zahlreiche Bettler und Landstreicher – ebenfalls meist ehemalige Söldner – hinzu, die die Straßen unsicher machten. Andere Söldner schlossen sich englischen oder russischen Heeren an.

Manche der entwurzelten Menschen versuchten in den verlassenen Dörfern einen Neuanfang oder ließen sich in den ebenfalls leeren Städten nieder, andere dagegen verloren für immer den Boden unter den Füßen. Nachdem die letzten Reste ihrer Kriegsbeute verbraucht waren, waren sie bettelarm. Es dauerte Jahrzehnte, bis die Menschen wieder einen Fortschritt erkennen konnten und der Erfolg weitere Aktivitäten anspornte. In manchen Gegenden waren die Lebensqualität und die Bevöl-

Raubüberfall auf Reisende (Philips Wouverman, 17. Jahrhundert)

kerungszahl der Vorkriegszeit allerdings erst nach mehr als hundert Jahren wieder erreicht. Nicht wenige Dörfer bestanden noch Mitte des 19. Jahrhunderts aus weniger Häusern als zu Beginn des Dreißigjährigen Krieges.

Der Krieg in der Literatur

Das Elend, die Not und die Gewalt des Dreißigjährigen Krieges prägten auch die deutsche Literatur. Viele Menschen wollten ihre schlimmen Erfahrungen aus den Kriegszeiten überwinden und griffen zur Feder. Tagebücher und literarische Werke sind aus dieser Zeit erhalten und geben Zeugnis von dem, was der Krieg für den einzelnen bedeuten konnte. Das wohl berühmteste deutsche Werk, das die »verrohten« Zeiten des Dreißigjährigen Krieges reflektiert, ist der Roman »Der abenteuerliche Simplicissimus« von Hans Jacob Christoffel von Grimmelshausen, verfaßt zwischen 1665 und 1679. Grimmelshausen kannte das, worüber er schrieb, aus eigener Erfahrung: Geboren um 1620 im hessischen Gelnhausen, geriet er bereits in jungen Jahren unter Söldner und diente zunächst als Bube im Troß eines Heeres.

Historische Dokumente sind meist trocken und zeigen nur sehr selten das wirkliche Leben einer vergangenen Zeit. Not und Elend sind in solchen Fällen in der Regel nur zu erahnen. Der Roman »Der abenteuerliche Simplicissimus« dagegen spiegelt in grellen Farben und mit realistischen Bildern die menschlichen Erschütterungen und Weltuntergangsszenen des Dreißigjährigen Krieges wider. Der Leser kann das Chaos dieser heute so fern erscheinenden Zeit erkennen und sogar an ihm teilnehmen.

Räuber im 18. und 19. Jahrhundert

Die neue Zeit

Die ursprünglich religiös motivierten Auseinandersetzungen des Dreißigjährigen Krieges entwickelten sich in ihrer Endphase zu Kriegen um
Vormachtstellungen. Für das einstige Deutsche Reich waren die Folgen
dieses langen Krieges verheerend: Es verlor an Macht und Bedeutung
und mußte sich dem Wechselspiel der neuen europäischen Mächte un-
terordnen. Die zahlreichen kleinen Territorien auf dem Gebiet des Deutschen Reiches wurden nun endgültig zu Kleinstaaten, die auf ihre Sou-
veränität pochten. Zuletzt gab es in den deutschen Gebieten rund 300
souveräne, meist von Fürsten beherrschte Territorien, die sich alle als
Staaten bezeichneten. Aus Fürstenfamilien wurden Dynastien von Herr-
scherfamilien, in denen das Recht auf Landesherrschaft vererbt wurde.

Die zahlreichen deutschen Kleinstaaten übten zwar keine wirkliche
Macht aus, aber ihre Herrscher liebten deren Symbolik und orientierten
sich meist am Vorbild des französischen Königs. Erst mit Friedrich dem
Großen entwickelte sich mit Preußen ein deutscher Staat wieder zu einer
ernstzunehmenden europäischen Großmacht.

Steuerlast und Ungerechtigkeit

Die Herrscher der vielen deutschen Staaten nutzten in der Regel ihre
Macht reichlich aus und bestimmten über alle Belange ihrer Untertanen
bis tief in den privaten Bereich hinein. Die Staatskasse sahen sie als ihr
Eigentum an und nutzten sie in großem Umfang zur Finanzierung der
teuren Statussymbole: War der Staat auch noch so klein, so besaß sein
Herrscher doch in der Regel mehrere prächtige Schlösser und verfügte
über eine aufwendige Hofhaltung einschließlich eines oft übermäßig
aufgeblähten Beamtenapparates. Das Militär diente in erster Linie der
Repräsentation.

Zur Verbesserung ihrer Einnahmen drehten die vielen kleinen Landesherren gerne an der Steuerschraube. Nutznießer der aus der Bevölkerung manchmal regelrecht herausgepreßten Einnahmen war neben dem Herrscherhaus eine relativ kleine Oberschicht, während für soziale Zwecke meist wenig Geld übrig blieb. Denn für die Nöte ihrer Untertanen hatten viele Herrscher nur ein recht begrenztes Verständnis.

In den deutschen Kleinstaaten gab es in der Regel vier Bevölkerungsgruppen, die sich eifersüchtig voneinander abgrenzten und ihre Statussymbole pflegten. Adel und Klerus bildeten die Oberschicht, das städtische Bürgertum die Mittelschicht und die Bauern die Unterschicht. Je nach ihrer Vermögenssituation konnten Angehörige des Bürgertums und des Bauernstandes durchaus an den Reichtum von Mitgliedern der Oberschicht heranreichen, doch fehlten ihnen die nötigen Statussymbole, um als gleichwertig anerkannt zu werden. Innerhalb des Bürgertums und des Bauernstandes waren Übergänge zwischen Arm und Reich oft fließend. Bauern auf dem Land und Handwerker oder Menschen ohne Ausbildung in der Stadt konnten rasch zu Tagelöhnern werden und dadurch verarmen. Etwa fünfzig bis achtzig Prozent der Menschen auf dem Land lebten in Armut. Ihnen fehlte der Landbesitz, und sie mußten jede verfügbare Tätigkeit für einen zusätzlichen Verdienst nutzen. Mancher arme Landbewohner brachte seine Familie nur durch, weil er im Sommer Vieh hütete und im Winter betteln ging. Kam es dann noch zu Mißernten, was etwa alle drei bis vier Jahre der Fall war, konnte auf dem Land der Anteil der armen Leute sehr schnell noch weiter ansteigen. Verzehrte die arme Landbevölkerung schließlich aus Hunger das eigene Saatgut für die nächste Ernte, saß sie lange in einer Armutsfalle fest, aus der sie nur schwer wieder herausfand.

In der Stadt waren die Möglichkeiten, Geld zu verdienen, etwas einfacher als auf dem Land, doch rund dreißig bis vierzig Prozent der dort lebenden Menschen sind ebenfalls – selbst nach dem Standard ihrer Zeit – als arm zu bezeichnen. Mißernten in der Landwirtschaft machten sich in der Stadt stets zeitverzögert in Form von Preissteigerungen bemerkbar. Im gesamten Land konnten deshalb relativ viele Menschen sehr rasch unter die Armutsgrenze absinken. Sie lebten dann von »der Hand in den Mund« und konnten für ihre Zukunft kaum Vorsorge treffen. Hunger und Not gehörten früher für einfache Menschen oft zum Normalzustand. Hilfe war für Betroffene kaum von der Obrigkeit, sondern allenfalls von der Kirche oder von mildtätigen Mitbürgern zu erwarten.

»Ehrliche« und »unehrliche« Berufe

Die beruflichen Aktivitäten der Menschen wurden bis in das beginnende 19. Jahrhundert hinein in »ehrliche« und »unehrliche« Tätigkeiten unterteilt. Dabei handelte es sich ausschließlich um eine soziale Differenzierung und nicht um die moralische Wertung eines Menschen. Als »unehrlich« galten etwa die Arbeit des Henkers, des Totengräbers oder des Abdeckers, aber auch die des Müllers, Leinewebers, Töpfers oder Gerbers. Für den Status und das Fortkommen jedes einzelnen war es allerdings wichtig, unbedingt einer »ehrlichen« Arbeit nachzugehen, denn Menschen, die einer »unehrlichen« Arbeit nachgingen, fanden auch bei größten Anstrengungen niemals die gebührende Anerkennung. Durch die Unterscheidung zwischen »ehrlicher« und »unehrlicher« Arbeit hielten sich zum Beispiel viele Zünfte unliebsame Konkurrenz vom Leibe, indem sie deren Arbeit einfach für »unehrlich« erklärten. Wirtschaftliche Interessen waren also häufig für eine solche Definition maßgebend.

Sogar der Kontakt zu Menschen mit einer »unehrlichen« Arbeit konnte von Nachteil sein. Wenn z.B. durch Zufall einmal der Kopf eines Hingerichteten vom Schafott rollte und ein Zuschauer ihn spontan aufhob, gehörte letzterer plötzlich zu den »Unehrlichen«, denn er hatte dem Henker bei der Arbeit geholfen. Zwischen »ehrlichen« und »unehrlichen« Berufen gab es vom heutigen Standpunkt aus schwer nachvollziehbare fließende Übergänge. Der Beruf des Arztes galt beispielsweise als »ehrlich«, die nicht minder wichtige Tätigkeit des Chirurgen aber als »unehrlich«. »Unehrlich« waren von vornherein auch unehelich geborene Kinder. Ihnen blieben wichtige gesellschaftliche Aufstiegschancen verwehrt, es sei denn, es handelte sich um uneheliche Kinder des Hochadels.

Menschen, die von Ort zu Ort zogen und ihre Arbeitskraft anboten, gingen nach der allgemeinen Meinung in fast allen Fällen einer »unehrlichen« Arbeit nach. Dabei betrug ihre Zahl im 18. Jahrhundert nach

Schätzungen immerhin rund zehn Prozent der Bevölkerung. Nur ehrsame Handwerksgesellen auf Wanderschaft bildeten eine Ausnahme und wurden akzeptiert. Überraschend wenig Mitleid gab es für Familien, die ihre Behausungen verloren hatten und mit Kleinkindern sowie Großeltern unterwegs waren. Die Schar der Landfahrer ohne festen Wohnsitz war sehr heterogen. Zu ihnen gehörten Wanderarbeiter für die Landwirtschaft, entlaufene Mönche, desertierte Söldner und Vaganten, die auch als »fahrendes Volk« bezeichnet wurden. Gerade diesen ständig Ruhelosen standen große Teile der Bevölkerung skeptisch gegenüber, obwohl manchmal auch hochgebildete wandernde Scholaren auf dem Weg zur Universität zu ihnen gehörten. Vaganten waren mit allen ihren Tätigkeiten nach der allgemeinen Vorstellung meist »unehrlich«. Sie sicherten sich oft mit kriminellen und halbkriminellen Aktivitäten das Überleben. Auch die für ihre kleinen Gaunereien berüchtigten Musiker, Zirkusleute, Schauspieler und Jahrmarktsgaukler wurden zu ihnen gezählt. Wurden Vaganten krank, jammerten die Spitäler bei ihrer Aufnahme, denn diese Patienten brachten nach einem Sprichwort »so viele Läuse und Flöhe wie Hanfsamen mit«.

Ohne Ausnahme galten Bettler, Trödler und Hausierer sowie Menschen, die durch Verstümmelung oder Brandmarkung bestraft worden waren, als »unehrlich« und wurden verachtet. Zu ihnen gehörten auch die Bettel-Juden ohne Wohnrecht und insbesondere die im Verlauf des Mittelalters nach Deutschland eingewanderten Zigeuner. Sie alle standen in der Gesellschaft ganz unten. Nur außergewöhnliche Glücksumstände erlaubten es ihnen, in der gesellschaftlichen Hierarchie aufzusteigen.

Zigeuner galten seit dem Jahr 1500 sogar als vogelfrei und besaßen keine Rechte. Jedem Landesherrn oder Rat einer ehrwürdigen Stadt war es freigestellt, wie sie mit ihnen umgingen. In Gießen wurden 1726 einmal innerhalb von zwei Tagen 25 Zigeuner hingerichtet. Bereits an den Landesgrenzen wurden den Zigeunern oft auf Schildern Strafen angedroht, damit sie es nur nicht wagten, das Land zu betreten. Allein die Tatsache, ein Zigeuner zu sein, konnte Grund für die Todesstrafe sein. Vielen Zigeunern blieb daher als einziger Ausweg, Räuberbanden zu gründen oder sich einer bestehenden Bande anzuschließen.

Opfer einer Seuche, darunter Zigeuner, betteln vor dem Stadttor
(Luzerner Schilling, Anfang 16. Jahrhundert)

Der Bodensatz der Gesellschaft

Nach dem Ende des Dreißigjährigen Krieges nahm das Elend der Bevölkerung nur ganz langsam ab. Vernachlässigte Ackerbauflächen mußten zuerst wieder urbar gemacht werden, und auch der Aufbau der zerstörten Dörfer und Städte erforderte viel Energie. Die jeweils auf den Herrscher zugeschnittenen Strukturen der Kleinstaaten erwiesen sich oft als ein Hindernis beim Erwerb von allgemeinem Wohlstand, denn der Repräsentationswille und die Hofhaltung verschlangen in jedem der kleinen Staaten Unsummen.

Im 18. und 19. Jahrhundert gehörten deshalb noch zahlreiche Menschen und Menschengruppen zum »Bodensatz« der Gesellschaft. Für sie war niemand zuständig, und niemand kümmerte sich ernsthaft um sie. Bei aller Verachtung, die man ihnen entgegenbrachte, waren sie trotzdem auf die Mildtätigkeit ihrer Mitmenschen angewiesen. Sie besaßen weder Äcker, um Landwirtschaft zu betreiben, noch konnten sie als Handwerker tätig werden, da ihnen die Mitgliedschaft in einer Zunft und das Bürgerrecht in einer Stadt fehlten. Soziale Dienste in Städten kümmerten sich höchstens um die eigenen, die sogenannten »ehrlichen« Armen, aber nicht um fremde Menschen, die auf den Straßen umherwanderten. War im Mittelalter die Unterstützung der Armen noch eine gute Tat gewesen, die im Jenseits von Gott belohnt wurde, so wurde die Bitte um Almosen später vielfach nur noch als Belästigung empfunden.

Überleben auf der Straße

Um auf der Straße zu überleben, war viel Kreativität und auch Dreistigkeit notwendig. Menschen mußten rasch ihre Vorteile erkennen und dann umgehend ihren Nutzen daraus ziehen können. Kleinhändlern oder Menschen, die Produkte wie Körbe oder Haushaltswaren selbst herstellten, ging es verhältnismäßig gut. Sie konnten durch den Verkauf ihrer Waren mit viel Fleiß wenigstens kleinere Geldsummen verdienen und damit ehrlich bleiben. Nur selten waren sie wie andere zum Überleben auf phantasievolles Jammern oder halbkriminelle Aktivitäten und Gaunereien angewiesen.

Schwieriger war dagegen die Lage für Bettler, von denen rund vierzig Prozent Frauen waren. Um Erfolg zu haben, mußten sie ihre Lebensgeschichte ausschmücken und manchmal neu erfinden. Erfolgreich waren die, die ihrer Stimme jenen Ton verleihen konnten, der bei Unbekannten Mitleid erregt. Regelmäßig tauchten das ganze Jahr über in Stadt und Land an den Haustüren bitterarme Menschen auf, um entweder für den Wiederaufbau ihres abgebrannten Hauses zu sammeln (Brandbettler) oder um Geld für den Bau einer Kirche zu erbitten (Kirchbaubettler). Beide Geschichten waren zwar meist erfunden und erlogen, wurden allerdings in einem Tonfall vorgetragen, der den Griff in die Geldbörse erleichterte. Manchmal klopfte es auch an der Tür, und nach dem Öffnen führte plötzlich und wortlos eine auffallend gekleidete unbekannte Person vor dem Haus ein Tanzprogramm auf oder zeigte besondere Kunststücke. Am Ende dieser Schau wurde dann wortreich ein kleines Almosen erbeten. Höchst aggressiv ging es manchmal bei desertierten Söldnern mit ihrem typischen Hang zu Räubereien zu. Sie klopfen zwar manchmal zunächst höflich an die Haustür, drohten danach jedoch sofort mit ihren Waffen, oder sie wurden gleich zu Einbrechern und Räubern.

Stahl ein Bettler in einem Dorf und wurde dabei erwischt, gingen oft alle Dorfbewohner auf ihn los und schlugen ihn nicht selten tot. Es mußte sich jedoch bei dem Anlaß für eine solche Tat der Selbstjustiz schon um den Diebstahl wertvoller Gegenstände handeln, denn bei einem Mundraub von nur wenigen Lebensmitteln waren Dorfbewohner überwiegend großzügig. Brot und vielleicht etwas Schmalz wurden häufig spontan an Bettler weitergegeben. Sogenannte »echte« Bettler waren mit einer solchen Gabe zufrieden, »falsche« wollten dagegen nur Geld.

Gerade arme Dorfbewohner unterstützten die meist noch ärmeren Bettler eher als mancher benachbarte reiche Großbauer. Verärgert waren sie meist nur, wenn Hühner oder Kleidungsstücke gestohlen oder heimlich die Obstbäume auf den Feldern abgeerntet wurden.

Wege in die Kriminalität

Der Schritt von der Bettelei zu Diebstahl oder Raub war meist nicht sehr groß. Knurrte der Magen, lag die Hemmschwelle oft niedrig und nahm danach mit der Dauer des Magenknurrens immer weiter ab. Vor allem im

Winter häuften sich Diebstähle und Gaunereien. Im Sommer war es zum Beispiel kein Problem, den ganzen Tag über in der freien Natur zu leben. Das geschenkte Geld mußte allein für das Essen reichen, wenn dieses nicht sogar direkt erbettelt wurde. Im Winter dagegen war es durch die Kälte notwendig, zumindest während der Nacht unterzukommen. Fand man keine Arbeit, die im Gegenzug ein Nachtlager versprach, oder konnte man nicht heimlich in einem Haus übernachten, blieben meist nur noch unterschiedliche kriminelle Aktivitäten übrig, um Geld für eine der billigen und verrufenen Herbergen zu erhalten; je kälter der Winter, desto höher die Kriminalität.

In den Herbergen trafen sich immer wieder Gleichgesinnte, tauschten Erfahrungen aus und gaben Ratschläge weiter. Kleinkriminelle wurden durch die Erzählungen der Kollegen mutig und wagten immer größere Gaunereien. Der Weg bis zum Beitritt zu oder zur Gründung einer Räuberbande wurde dann immer kürzer.

Viele Räuberkarrieren begannen zunächst mit Betteleien auf der Landstraße. 1767 wurde beispielsweise ein Dieb mit dem Namen Jakob Herold wegen insgesamt 320 nachgewiesenen Diebstählen hingerichtet. Er war als junger Mann zunächst Söldner, desertierte jedoch bald und geriet auf die Landstraße. Um zu überleben, mußte er betteln und stehlen. Im Falle einer Rückkehr wäre er hart bestraft worden und hätte die Bestrafung vielleicht nicht einmal überlebt. Es folgten erste Verhaftungen und Gefängnisaufenthalte und schließlich sogar eine brutale Brandmarkung auf seiner Haut. Jetzt war ein deutliches und für jedermann sichtbares Zeichen seiner kriminellen Tätigkeit gesetzt worden. Wieder wurde er Söldner, und wieder desertierte er anschließend. Erneut mußte er betteln und stehlen. Zweimal wechselte er sogar die Religion, um sich Vorteile für sein Überleben zu sichern, und ebenso oft gelang ihm sogar die Flucht aus dem Gefängnis. Schließlich war sein Strafregister mit 320 Diebstählen mehr als übervoll, und er wurde hingerichtet.

Jakob Herold war durch die Brutalität seines Alltags bestimmt lebensklug geworden, und er hatte sicherlich auch gelernt, besonders gerissen zu sein, doch letztlich blieb er ein »armer Teufel«. Bereits die erste Flucht vor dem Söldnerleben hatte sein weiteres Schicksal entschieden: Ein Leben auf der Straße war vorprogrammiert.

Sprache und Geheimzeichen der Gauner

Die zahlreichen kleinen und großen Kriminellen, die ständig auf den Straßen unterwegs waren, verständigten sich in einer eigenen Sprache – Rotwelsch –, damit gewöhnliche Bauern und Bürger sowie insbesondere die Polizei mit ihrem Spitzelsystem sie nicht verstehen konnten. Uneingeweihte hörten jeweils nur Worte, mit denen sie nichts anzufangen wußten. Außerdem förderte das Rotwelsche das Gemeinschaftsgefühl der Bettler, Gauner und Räuber. Wurde Rotwelsch gesprochen, fühlten sie sich unter Gleichgesinnten in Sicherheit. Es gab sogar Lieder in Rotwelsch, die bei gemeinsamen Feiern gesungen wurden und ihnen für kurze Zeit ein Gefühl fröhlicher Zufriedenheit vermittelten.

Rotwelsch war keine echte Sprache mit eigener Syntax und Grammatik, sondern ersetzte bestimmte Wörter durch andere, geheime Begriffe. Mit regionalen Variationen sind heute etwa 150 bis 350 Wörter der Gaunersprache Rotwelsch bekannt. Zu etwa fünfzig Prozent sind sie deutschen Ursprungs, zu etwa zwanzig Prozent gehen sie auf die hebräische Sprache der Juden sowie in geringem Umfang auch auf Romani, die Sprache der Zigeuner, zurück. Der Rest des Rotwelschen weist Beziehungen zu zahlreichen anderen europäischen Sprachen wie etwa dem Französischen, dem Italienischen, dem Spanischen oder dem Niederländischen auf. Sogar lateinische Begriffe kommen vor, was vermutlich auf den Einfluß der reisenden Scholaren zurückgeht. Mit Hilfe des Rotwelschen verhandelten Räuber und Hehler in verschwiegenen Stuben oder gaben Wirte Informationen weiter. Mancher reisende Kleinhändler lernte bewußt Worte des eigentlich geheimen Rotwelschen, um sich bei einem Überfall gegenüber den Räubern als einer der ihren erkennen zu geben, in der Hoffnung, dadurch verschont zu bleiben.

Englische Ausdrücke fehlen im Rotwelschen völlig. Reisende Gauner in England hatten vermutlich damals Schwierigkeiten, auf den Kontinent zu kommen und blieben deshalb in ihrem heimatlichen Umfeld. Erste Ansätze zur Entwicklung des Rotwelschen gehen bis ins 13. Jahrhundert zurück.

Beherrschte ein Gauner das Rotwelsche, nannte er sich stolz einen »Kochemer«. Ein »Tschor« war ein Räuber, wobei das Wort aus der Zigeunersprache abgeleitet war. Der Hehler hieß »Kaffer«, was ebenfalls auf ein Zigeunerwort zurückgeht. »Sore« bezeichnete die geraubte Ware und hatte hebräischen Ursprung. »Galach« hieß ein Pfarrer, was überraschenderweise auch eine hebräische Wortwurzel hatte. Sagte ein Kochemer »lau«, drückte er damit ein deutliches »Nein« aus. »Kameruschen« waren weit mehr als nur Kameraden, sondern fühlten sich als treuer Teil der Räubergesellschaft. Die Räuber des Vogelsbergs in Hessen nannten sich stolz »Vogelsgörger Kameruschen« und kannten sogar ein »Vogelsberger Vater-Unser«.

Neben dem Rotwelschen gab es für Eingeweihte auch schriftliche Mitteilungen: geheime Zeichen an Mauern, Türen oder Bäumen. Diese Zeichen, auch Zinken genannt, waren weit verbreitet und in vielen Gegenden sogar bis in das 20. Jahrhundert üblich. Nicht selten hinterließen Bettler scheinbar sinnloses Gekritzel an Hauswänden. Sie charakterisierten damit die Hausbewohner und verrieten ihren Nachfolgern, ob es sich lohnte, hier zu betteln, oder nicht. Andere Zeichen besagten zum Beispiel: »Hier muß man fromm tun«, »Hier sind Frauen zu Hause« oder »Hier bekommt man vielleicht ein Nachtlager«. Besonders markiert waren insbesondere Häuser von Polizisten oder von Menschen, die schnell und aggressiv zuschlugen. Witzbolde zeichneten manchmal die Zinken für große Gefahr oder Warnung an einen Galgen, was die Ehre der Gauner erheblich verletzte und sie kränkte.

Geheime Zeichen wurden auch in Wirtshäusern und Herbergen hinterlassen, um etwa heimliche Treffen zu vereinbaren oder wichtige Nachrichten weiterzugeben. Es handelte sich dann nicht um die allgemein bekannten Zinken, sondern um ganz persönliche und nur für wenige Vertraute lesbare Geheimzeichen.

Neben den schriftlichen Geheimzeichen waren zur wortlosen Verständigung auch bestimmte Gesten der Arme, Hände oder Finger im Gebrauch. Es ergab sich dann eine Unterhaltung in einer Art Taubstummen-Sprache. Die Handzeichen wurden meist rein beiläufig und sehr zurückhaltend eingesetzt, um etwa nach einer Verhaftung bei einem Sprechverbot den Kumpanen wichtige Anweisungen zu geben, oder um einem überwachten Gefängnisbesucher eine geheime Nachricht zu übermitteln. Jadzinken, also mit nur einer Hand ausgeführte minimale Zeichen, hatten die Aufgabe einer optischen Signalübermittlung. Ihr Repertoire war so reichhaltig, daß sich Häftlinge manchmal durch die Gefängnisgitter hindurch mit ihrer Hilfe regelrecht unterhielten.

Weitere Kommunikationsspezialitäten waren die sehr individuellen Kenzinken, mit denen sich Gauner wortlos gegenseitig vorstellten. Gefesselte Diebe und Räuber verständigten sich manchmal über vorher abgesprochene Augenbewegungen oder das Öffnen und Schließen der Augen. Bei Unbekannten wurde außerdem mit Hilfe von bestimmten Augenbewegungen getestet, ob sie die Zinken oder das Rotwelsche verstanden. Es wurde ein schnelles und spezifisches Blicksignal ausgesandt. Reagierte das Gegenüber entsprechend, wusste man, daß er oder sie die Gaunersprache verstand.

Die Kleidung der Gauner

Anhand von Steckbriefen des 18. und 19. Jahrhunderts gibt es heute ein recht genaues Bild von der Kleidung der Gauner und Räuber. Die Abbildungen zeigen meist ärmlich gekleidete Menschen mit bunt zusammengewürfelten Kleidungsstücken. Kaum einer konnte es sich leisten, einer bestimmten Mode zu folgen. Gerne wurden Kleidungsstücke getragen, die denen von Jägern glichen, da diese für das Leben im Wald gut geeignet waren. Trotz aller Ärmlichkeit wurde versucht, mit der Kleidung einen gewissen Status zu demonstrieren. Dennoch waren die Söldner des Dreißigjährigen Krieges im Vergleich dazu geradezu spektakulär gekleidet und präsentierten, wann immer es ging, offen ihren Reichtum.

Räuber trugen den Steckbriefen zufolge nie einen Mantel, sondern meist einen Rock, also eine größere, robuste Jacke; beliebte Farben waren Blau, Grün oder Grau, manchmal sogar Weiß, jedoch nicht Schwarz. Im frühen 19. Jahrhundert liefen manche Räuber sogar mit einem Frack herum. Die Hosen waren zunächst überwiegend aus – oft gelbem – Leder gefertigt, wurden später jedoch immer mehr von Stoffhosen abgelöst. Sie waren entweder knielang oder reichten bis zum Knöchel. Über dem Rock sowie manchmal an Stelle eines Rocks wurde bei schlechtem Wetter meist ein ärmlicher Kittel getragen, unter dem Rock oder an dessen Stelle ein Wams in unterschiedlichen Farben. Zur Unterbekleidung gehörten ein Hemd sowie ein Leibchen, das bis zur Hüfte reichte und eine Weste nach französischer Mode. Beliebt waren noch farbige Brusttücher und ein Kamisol, ein farbiges kurzärmeliges Unterwams. Das Schuhwerk bestand meist aus Schuhen zusammen mit Gamaschen oder Stiefeln. Verwegen geknotete Halstücher wurden erst Ende des 18. Jahrhunderts zu einer Art Markenzeichen für Räuber, ähnlich wie ihre oft mit Edelsteinen oder Perlen geschmückten Ohrringe. Der Steckbrief des Räubers Kaspar Balz zum Beispiel hebt eigens einen großen, auffallenden Ohrring an der rechten Seite hervor. Als Kopfbedeckung dienten häufig runde oder dreieckige Hüte, seltener Kappen, meist wurden sie von erfolgreichen Räubern noch mit Bändern oder Federn geschmückt.

Räuberfrauen kleideten sich überwiegend mit einem bunten und mit Vorliebe gestreiften Rock, zu dem als Oberteil ein oft blaues Mutzen gehörte, ein enges miederähnliches Kleidungsstück mit Ärmeln. Diese Mutzen waren reich mit Knöpfen oder Spitzenklöppeleien verziert. Statt des Mutzens wurden auch Jacken, Kutten oder Kittel getragen. Zur Unterbekleidung der Räuberfrauen machen Steckbriefe kaum eine Aussage. Es scheint, daß sie ihren Partnern gern ihr Dekolleté zeigten. Wie die Räuber trugen auch deren Frauen häufig Halstücher. Im späten 18. Jahrhundert kam in der Frauenmode der Schlender auf, ein bequemes, weites Überkleid mit Falten, das in der Bevölkerung rasch angenommen und verbreitet wurde. Räuberinnen nähten an der Innenseite ihrer Schlender oft Haken an, um unbemerkt Diebesgut verschwinden zu lassen. Schmuck wird in den Steckbriefen nicht erwähnt. Vielleicht schmückten sich Räuberfrauen nur im privaten Umfeld mit den erbeuteten Ketten, Spangen und Ringen.

Räuberbanden in Deutschland

Zur Zeit des Absolutismus und in der napoleonischen Zeit trieben Räuberbanden in allen deutschen Staaten ihr Unwesen. Das späte 18. und frühe 19. Jahrhundert gilt sogar als die große Zeit der Räuber. Fast alle literarischen Werke über Räuber spielen in dieser Zeit. Ähnlich wie Raubritter bevorzugten auch die Räuberbanden dieser Zeit eine gewisse Nähe zu den bekannten Handelswegen, daneben aber auch abgelegene Gebiete mit unsicheren Straßen. Besonders auf Wegen durch tiefe Wälder oder andere unwegsame Gegenden drohte die Gefahr, ausgeraubt zu werden.

Votivtafel mit der Darstellung eines Raubüberfalls (18. Jahrhundert)

Große Räuberbanden waren hauptsächlich am Mittel- und Nieder-rhein, am Main, an Nahe und Mosel unterwegs. Manche Banden hatten sich auf die großen Messestädte spezialisiert und griffen etwa in Frank-furt oder Leipzig zu. Der Magistrat der Stadt Frankfurt verstärkte des-halb zur Messezeit regelmäßig die Patrouillen der Soldaten, der Polizei sowie der Nachtwächter. Ihr Auftrag war es, besonders energisch ge-gen Diebe und Gauner vorzugehen und sie bereits vor einer geplanten Tat festzunehmen. Außerdem wurden vor dem Beginn einer Messe re-gelmäßig einige Diebe aufgehängt, um mögliche Nachahmer abzu-schrecken.

Struktur einer Räuberbande

Mitglieder einer Räuberbande waren meist Menschen, die vorher schon auf der Straße gelebt hatten und dort durch kriminelle Aktivitäten auf-gefallen waren. Ihre Hemmschwelle für Straftaten lag insgesamt recht niedrig. Durch das meist lange Register ihrer Schandtaten konnten sie kaum noch zu einer normalen Existenz zurückkehren und wählten des-halb den Schutz einer Bande. Diese war für sie eine Art Heimat, die ih-nen bei Problemen Unterstützung gewährte. Nur in Ausnahmefällen schlossen sich Menschen mit einem festen Wohnsitz einer Räuber-bande an.

Jedes Mitglied einer Bande hatte seine besonderen Fertigkeiten, so daß sich die einzelnen Bandenmitglieder bei den Raubzügen gegensei-tig ergänzten. Neue Mitglieder konnten sich in der Regel nur anschlie-ßen, wenn sie im Milieu der Diebe und Gauner bereits einen gewissen Ruf hatten und vor allen Dingen vertrauenswürdig und schweigsam wa-ren. Gerade bei den gemeinschaftlichen Raubaktionen war es zwingend notwendig, daß die einzelnen Mitglieder sich gegenseitig vertrauten und auch bei einer Gefangennahme niemanden verrieten.

Zu einer typischen Räuberbande gehörten nicht nur Männer, son-dern häufig auch Frauen, die meist für den sozialen Zusammenhalt der Bande sorgten und sich um das Essen kümmerten. Wenn keine Raub-züge anstanden, organisierten sie den Alltag. Häufig hatten diese Frauen sogar Kinder mit männlichen Bandenmitgliedern, so daß eine Räuber-bande nach außen hin durchaus wie ein Familienverband erscheinen konnte. Durch kleine Diebstähle, insbesondere bei Dorffesten, trugen die Frauen zusätzlich zum Unterhalt bei. Ihre Partner saßen dann häufig in abgelegenen Gasthäusern, tranken und planten neue Raubzüge.

Geprägt durch die zahlreichen Räubergeschichten aus der Literatur werden heute Räuberhauptmännern bestimmte Eigenschaften nachgesagt, die allerdings meist auf Vorurteilen beruhen: So hält man sie entweder für grausame Despoten oder Menschen mit einem starken Gerechtigkeitsgefühl, die sich für vergangenes Unrecht rächen wollten. Vermutlich war es eher Zufall, wenn solche Merkmale aus der Literatur tatsächlich auf einen historischen Räuberhauptmann zutrafen. Mit Sicherheit besaß er statt dessen Führungsqualitäten und ein gewisses Charisma, das niemanden an seiner Autorität zweifeln ließ. Ein Räuberhauptmann hatte das Recht, Bandenmitglieder zu züchtigen. Außerdem mußte er sorgfältig planen und organisieren können. Voraustrupps hatten bei seinen Aktionen die Aufgabe, den Weg zum Ort des Überfalls zu markieren, denn die Bande reiste in der Regel in kleinen Gruppen aus verschiedenen Richtungen an und vereinte sich erst kurz vor dem Überfall, um nicht vorzeitig entdeckt zu werden. Der Aktionsradius einer Räuberbande war nicht lokal begrenzt, so daß es mitunter lange Anreisewege gab. Entscheidend für die Wahl des Ortes war stets die lohnende Beute, etwa Postkutschen oder Kaufmannskolonnen, die allerdings vorher erst ausgekundschaftet werden mußte. Hatte ein Bandenmitglied ein lohnendes Ziel erkannt und den Überfall organisiert, konnte es durchaus für eine bestimmte Zeit auch die Führung der Bande übernehmen.

In ihrer Mehrheit waren Räuberbanden recht kurzlebig. Wurden etwa wichtige Mitglieder gefangen oder kamen diese bei Überfällen um, konnte eine Bande schnell zerfallen. Starre Hierarchien gab es in einer Räuberbande nicht – die Gaunersprache Rotwelsch kennt dafür nicht einmal einen Ausdruck.

Alltägliches Räuberleben

Das Räuberleben war nicht lustig, und der Freiheitsdrang, der manchen Räubern in der Literatur nachgesagt wird, traf vermutlich nur hin und wieder zu. Nicht alle Räuber liebten das wilde Leben, viele schätzten familiäre Beziehungen durchaus, zumal sie in ihrer Jugend in der Regel keine intakte Familie gekannt hatten.

Nach Gerichtsakten waren viele verurteilte Räuber verheiratet und versuchten sogar – streng bürgerlich – ihren Töchtern bei der Heirat eine Mitgift zu geben. Wurden Kinder geboren, galten ebenfalls meist recht konventionelle Regeln: Sie wurden getauft und erhielten einen Paten. Insbesondere jüdische Räuber legten noch stärker als christliche großen Wert auf ein geordnetes Familienleben und gaben sich Mühe, der Ehefrau einen dauerhaften Wohnsitz zu finanzieren.

Der Alltag anderer Räuber wiederum sah ganz anders aus: Sie lebten in den Tag hinein und dachten weder an eine Familie noch an menschliche Bindungen. Bürgerliche Normen hatten bei ihnen keine Gültigkeit. Sie hielten nichts von der in der Gesellschaft üblichen monogamen Ehe, sondern besaßen nach eigenen Angaben mehrere Ehefrauen gleichzeitig. Ihre Räuberbräute wechselten sie schnell. Nicht wenige Räuberbräute verhielten sich allerdings ebenso. Sie verdienten als Prostituierte ihr Geld und nahmen ihre Beziehungen zu den Männern der Bande wenig ernst. Wurden sie schwanger, trieben sie nach Gerichtsdokumenten häufig ohne Anteilnahme ab. Auch den eigenen Kindern gegenüber fehlte es bei diesen Räubern an Fürsorge. Sie überließen diese scheinbar ohne Pflichtgefühl einfach ihrem Schicksal. Trotz einer tatsächlichen oder vielleicht auch nur gespielten Ungebundenheit gab es dennoch regelmäßig Eifersuchtsdramen mit wüsten Auseinandersetzungen.

Die Gefahren des Alltags förderten bei Räuberbanden außerdem einen allgemeinen Hang zu Gewalt und Gleichgültigkeit. Spannungen wurden sofort abreagiert und erfolgreiche Beutezüge häufig mit Alkoholexzessen gefeiert, bei denen meist billiger Branntwein bis zur Bewußtlosigkeit getrunken wurde. Sogar Frauen standen hier nicht zurück und »soffen« wie die Männer mit. Saufgelage endeten nicht selten in Schlägereien, insbesondere, wenn es um die Teilung der Beute ging. Hier benötigte ein Räuberhauptmann viel Autorität, um einen Streit zu schlichten. Dem eigenen Leben und dem ihrer Kumpane maßen viele Räuber keinen großen Wert bei, so daß es bei Streitereien untereinander oft zu schwersten Körperverletzungen, Mord und Totschlag kam.

Hehler, Unterschlupf und Verstecke

Räuberbanden konnten nur in Verbindung mit Hehlern, Informanten, Wirten und anderen Personen, die sie unterstützten, überleben. Uneingeschränkt nützlich war ihnen nur das Bargeld der überfallenen Opfer. Erbeutete Münzen wurden deshalb sofort zwischen den Bandenmitgliedern geteilt und konnten umgehend wieder ausgegeben werden. Bei Waren und anderen geraubten Objekten war die Verwertung schwieriger, denn die Beute mußte zunächst verkauft werden. Diese Aufgabe übernahmen Hehler, deren Verdienst meist weitaus höher lag als der der Räuber. Nahezu jeder Räuber beschwerte sich, daß seine Bande von den Hehlern betrogen wurde. Der jüdische Räuber Hoyum Moyses beklagte, daß sein Opfer zwar gejammert habe, die Beute sei 600 Taler wert, er selbst aber vom Hehler nur 40 Taler erhalten habe.

Unterschlupf fanden Räuberbanden überwiegend in verrufenen Gasthäusern und Herbergen, wie etwa dem legendären Wirtshaus im Spessart, deren Wirte gleichzeitig auch Informanten waren. Wichtige Informationen über Verstecke oder lohnende Beute kamen außerdem von Bettlern oder Hausierern sowie von der ländlichen Bevölkerung. Sie alle wurden dafür entweder bezahlt oder erhielten das Versprechen, selbst nicht überfallen zu werden. Auch zahlreiche Bauern stellten Räubern Scheunen oder Räume im eigenen Haus für kurze Zeit zur Verfügung. Bevorzugt wurden einsam liegende Gehöfte, von wo aus die Ankunft von Polizei oder Militär schon früh zu erkennen war. Im hessischen Raum gab es ganze Dörfer, die gegen Bezahlung mit den Räubern zusammenarbeiteten und Verstecke bereit stellten. Bei zahlreichen Privatunterkünften und Treffpunkten in Städten mußte ein Code-Wort genannt werden, um Einlaß zu erhalten. Der Räuber Hoyum Moyses verriet 1735 nach seiner Festnahme die Adresse von 31 Herbergen, die jüdischen Räuberbanden Unterschlupf gewährten. Andere Behausungen bauten sich die Räuberbanden in versteckten Waldgebieten selbst, oder sie besetzten leere Scheunen und Ruinen. Burgruinen von Raubrittern konnten auf diese Weise Jahrhunderte später anderen Räubern erneut ein Versteck bieten. Ließ sich der Eingang gut tarnen, war auch die Räuberhöhle sehr beliebt. Ihre verschwiegenen Unterkünfte wechselten Räuberbanden ständig.

Manche Räuberbehausungen waren der Obrigkeit zwar bekannt, aber die Beamten blieben gegen Bestechung ruhig und gaben ihr Wissen nicht weiter. Die kleinsten der Kleinstaaten tolerierten sogar Räuberbanden, wenn sie auf dem eigenen Gebiet nicht aktiv wurden.

Räuber bei der Arbeit

Die Schandtaten der Räuberbanden waren vielfältig und umfaßten neben Raub und Diebstahl noch zahlreiche weitere Delikte. Jede kleine Gaunerei wurde für Zusatzverdienste genutzt, was als deutlicher Hinweis auf die Härte des Überlebenskampfes auf der Straße gesehen werden kann. Rücklagen oder gar größere Ersparnisse gab es nicht; jeder lebte von der Hand in den Mund. Die Beute mochte zwar manchmal spektakulär sein, doch fiel sie nicht regelmäßig an. Keine Bande konnte sicher sein, ob vielleicht auch in der nächsten Woche oder im nächsten Monat ein Überfall glückte. Neben den Zeiten des großen Erfolges gab es auch weitaus längere Zeiten, in denen es nichts zum Rauben und Stehlen gab. Um nicht zu verhungern, war nun Phantasie gefragt.

Zu den kleineren Delikten gehörten die Falschspielerei in Wirtshäusern oder auf Jahrmärkten und zahlreiche andere Betrügereien. Dabei wurden völlig unwirksame Arzneimittel für Mensch und Vieh verkauft, daneben auch Karten für die Suche nach verborgenen Schätzen oder Wahrsager-Amulette, die einen ewigen Geldsegen versprachen. Solche Schwindler, die Menschen mit Betrügereien hereinlegten, wurden »Felinger« genannt. Sie mußten sehr vornehm auftreten und dazu noch so tun, als wüßten sie alles. Ihr Markenzeichen war der gute Eindruck. War ein Felinger teuer gekleidet und trat nur in besseren Kreisen des Bürgertums auf, hieß er Staats-Felinger.

Kleinere Räubereien und Kleindiebstähle brachten zwar keine große Beute, hatten aber den Vorteil eines regelmäßigen Erfolges. Gerne wurden bei den Bauern Hühner oder Stallhasen gestohlen oder heimlich die Obstbäume abgeerntet. Auf den Märkten der Dörfer und Städte wurden hauptsächlich die Frauen der Räuber aktiv. Beim »Sacklangen« wurde blitzschnell in die Taschen eines Opfers gegriffen und dann die Beute rasch weitergeben. Zum »Beutelschneiden« war dagegen ein scharfes Messer notwendig. Die Geldbörse oder der Geldbeutel eines Opfers

Verteilung der Beute (Johann Baptist Pflug, um 1824)

wurde mit großer Virtuosität auf- oder abgeschnitten und dann rasch geleert. Häufig mimte ein Räuber den Betrunkenen und rempelte die Marktbesucher an. Die Leute waren nun abgelenkt, und schon griffen die Frauen der Räuber zu.

Größeres Gewicht hatten Einbrüche in Häusern. In der Räubersprache wurden dabei einzelne Tätertypen unterschieden: Die »Scheinspringer« nutzten die Abwesenheit der Bewohner für einen Einbruch, etwa wenn diese auf den Feldern arbeiteten oder am Sonntag zur Kirche gingen. Die »Schrenzirer« dagegen mußten über gute Nerven verfügen. Sie schlichen sich in die Häuser und stahlen, obwohl die Bewohner zu Hause waren. »Stubenräumer« nutzten die Gutmütigkeit ihrer Mitmenschen skrupellos aus. Sie klopften am Abend an eine Tür und stellten sich krank. Bot ihnen der Hausbesitzer ein Nachtlager an, waren sie mitten in der Nacht plötzlich wieder gesund und stahlen.

Als besonders verwerflich wurde in der Bevölkerung der Diebstahl in Kirchen angesehen, der im Mittelalter mit einer besonders grausamen Todesart bestraft worden war: Die Täter wurden verbrannt. Kirchen waren tagsüber nur selten abgeschlossen und deshalb leicht zugänglich. Im 18. und 19. Jahrhundert ging es den Kirchendieben weniger um Kunstwerke, sondern mehr um die Opferstöcke. Diese wurden entweder aufgebrochen oder »leergefischt«. Beim »Stockfischen« strich der Dieb Leim auf ein dünnes Bleiplättchen und senkte es anschließend mit einem Faden durch den Geldschlitz in den Opferstock hinab. Nun klebten die Münzen fest und wurden »herausgefischt«. Manchmal wurden auch kirchliche Gewänder gestohlen und dann zu normaler Kleidung umgearbeitet. Besonders der Diebstahl von geweihten goldenen Kelchen oder Monstranzen wurde hart bestraft. Vor solchen Taten schreckten selbst hartgesottene Diebe zurück.

Das »Hauptarbeitsgebiet« der Räuberbanden stellten allerdings die unterschiedlichen Raubdelikte dar. Bei diesen waren Räuberbanden bewaffnet und verübten selbst schwere Körperverletzungen, Mord oder Totschlag. Nicht immer jedoch waren die Opfer so verängstigt, daß die Räuber eine leichte Beute vorfanden. Manchmal waren die Überfallenen selbst bewaffnet und wehrten sich. Nicht wenige Räuber wurden bei Überfällen von Bauern erschlagen oder erschossen. 1714 hatten Räuber

Überfall auf eine Kutsche (Francisco José de Goya y Lucientes, 1787)

in Hornberg in Süddeutschland ausgesprochenes Pech: Sie kletterten gerade eine Leiter hoch, als jemand an ein Fenster trat und mit einer Schrotflinte schoß. Die Räuber stürzten von der Leiter und wurden gefaßt.

Größere Aktionen, die auch logistische Vorbereitungen erforderten, waren der Straßenraub und insbesondere der Postraub, der seit den 50er Jahren des 18. Jahrhunderts dramatisch zunahm. Mit Postkutschen wurden nämlich auch größere Geldbeträge transportiert, auf die es die Räuber abgesehen hatten. Ein solcher erfolgreicher Überfall war für sie wie das Paradies.

Am 19. Mai 1822 zum Beispiel überfiel nahe dem Ort Kombach an der Straße zwischen Gladenbach und Gießen eine Räuberbande einen Geldtransport der Post und erbeutete 10 500 Gulden, eine für die damalige Zeit gewaltige Geldsumme. Die Obrigkeit wurde sofort aktiv und fast alle Räuber wurden gefaßt: Fünf von ihnen wurden hingerichtet, zwei endeten durch Selbstmord und nur einer konnte ins Ausland fliehen. Der bekannte Film »Der plötzliche Reichtum der armen Leute von Kombach« von 1971, bei dem Volker Schlöndorff Regie führte, hat diesen Überfall und seine Folgen zum Thema.

Räuber und ihre Banden

Die Bande des Schinderhannes

Johannes Bückler, genannt Schinderhannes, ist noch heute einer der bekanntesten deutschen Räuber. Carl Zuckmayer schrieb über seine Räuberkarriere ein vielbeachtetes Theaterstück. Seine Schandtaten wurden sogar mit Curd Jürgens als Schinderhannes und Maria Schell als Räuberbraut Julchen verfilmt. Nach seinem Tod wurde Schinderhannes zum politischen Helden verklärt, denn er galt als rheinischer Rebell, der es gewagt hatte, sich während der napoleonischen Zeit gegen die französische Besatzung aufzulehnen.

Über das Geburtsdatum des Johannes Bückler gibt es nur ungenaue Angaben. Nach dem Kirchenbuch von Miehlen bei Nastätten im Taunus wurde er am 25. Mai 1783 geboren, andere Hinweise widersprechen dem allerdings. Er dürfte etwa zwischen 1779 und 1783 geboren worden sein. Sein Todesdatum hingegen ist genau bekannt: Johannes Bückler bestieg am 21. November 1803 in Mainz die Guillotine und wurde hingerichtet. Der Räuberhauptmann Schinderhannes starb somit im Alter von vermutlich zwanzig Jahren. Sein Lebenslauf kann heute gut durch die erhaltenen Gerichtsakten verfolgt werden.

Sein Großvater und auch sein Vater gingen dem »unehrlichen« Beruf des Abdeckers oder Schinders nach, so daß der junge Johannes einen schlechten Start ins Leben hatte. Die Mutter hatte ein kleines Häuschen mit in die Ehe gebracht, das die Familie allerdings 1784 verlor. Sie verließen deshalb den Ort. Der Vater schloß sich anschließend einem österreichischen Söldnerheer an; die Familie folgte ihm im Troß. Als Johannes neun Jahre alt war, desertierte der Vater, und die Familie landete nach zahlreichen Umwegen zuletzt im Hunsrück, der ursprünglichen Heimat des Vaters. Als Tagelöhner und Feldhüter brachte er seine Familie mehr schlecht als recht durch. Trotz der Armut der Familie lernte Johannes

Bückler lesen, schreiben und rechnen. In der Gegend der Stadt Kreuznach leistete er sich schon früh erste Bubenstücke und stahl mit Freunden von den Proviantwagen der französischen Armee Fleisch und Brot. Als er schließlich im Alter von 15 Jahren einem Wirt einen Louisdor (französische Münze) entwendete, floh er aus Angst vor Strafe und verließ seine Familie.

Beginn einer Räuberkarriere

Johannes verdiente sich seinen Lebensunterhalt nun als Bettler und Dieb. Einmal gelang es ihm sogar, ein Pferd zu stehlen. Der Scharfrichter und Abdecker Nagel aus einem Ort in der Nähe der Stadt Kirn nahm sich schließlich seiner an und gab ihm Arbeit. Aus Johannes Bückler wurde nun Schinderhannes. Nagel schätzte ihn wegen seiner schnellen Auffassungsgabe und lobte seine große »Munterkeit«. Doch Schinderhannes dankte ihm die hohe Meinung nicht, sondern stahl ihm sechs Kalbfelle und ein Kuhfell. Der Diebstahl flog auf, und Schinderhannes kam ins Gefängnis. Das Gericht verurteilte ihn zu einer Prügelstrafe, die öffentlich vollzogen wurde, was ihn sehr kränkte. Anschließend gab er seinen Wohnsitz auf und war ständig mit zweifelhaften Freunden unterwegs. Häufig entwendeten sie Vieh, das sie bei Nacht heimlich an Metzger verkauften. Als die Gaunereien bekannt wurden, landete er erneut im Gefängnis, konnte allerdings über das Dach fliehen und untertauchen.

Inzwischen hatte er einige Kumpane mit üblem Ruf um sich versammelt. Von nun an war er Hauptmann einer Bande. Dreist verkaufte er zum Beispiel einem Gerbermeister Felle, die er vorher aus dessen Lager gestohlen hatte. Es folgten nun fortlaufend kleine und große kriminelle Aktivitäten. Wurde er festgesetzt, gelang ihm mit Hilfe von ständig wechselnden Tricks wiederholt die Flucht, was ihm bei der Bevölkerung eine gewisse Hochachtung einbrachte.

Der erste und der zweite Mord

Die Räuberkarriere des Schinderhannes nahm eine erneute Wendung, als er zum Mörder wurde. Zum ersten Mord kam es am 21. Dezember 1797. Das Haus von Elisabeth Schäfer, genannt Botslies, in Schneppenbach bei der Stadt Kirn war ein heimlicher Treffpunkt der Räuber, und es

Schinderhannes und seine Räuberbraut Julchen mit Kind (Kupferstich, 1803)

wurde dort oft ausgiebig gefeiert. Kurz vor diesem Dezembertag saß der gewalttätige Niklas Rauschenberg, genannt Packen-Klos, in der Wohnstube und wollte mit der vermutlich erst 14- bis 15-jährigen Anna-Maria Schäfer, Tochter der Botslies und deshalb auch Botslies-Ami genannt, anbändeln. Botslies-Ami wird in den Quellen als sehr hübsch beschrieben und soll bereits in jungen Jahren eine anziehende Figur gehabt haben. Trotz ihres Alters kannte sie bei Männern keine Scheu und freundete sich mit jedem an, der ihr gefiel. Den Packen-Klos allerdings wollte sie nicht haben, was diesen immer wütender machte. Er zog sich plötzlich nackt aus und begann wild zu tanzen. Den beiden Frauen riß er danach die Kleider vom Leib, bis sie laut schrien. Schinderhannes hörte von dem Vorfall und wollte es dem Packen-Klos heimzahlen. Botslies-Ami gefiel ihm, denn er berichtete über sie, sie sei sehr gut gebaut und fühle sich *schön fleischisch* an. Er informierte seine Kumpane, und sie lauerten zusammen mit der Botslies dem Packen-Klos auf, um ihm eine Tracht Prügel zu verabreichen. Dabei gingen sie allerdings zu weit – sie töteten ihn.

Bei einem zweiten Mord ist unklar, ob Schinderhannes wirklich beteiligt war. Am 12. August 1798 lungerten er und sein Kumpan Peter Petry, genannt der Schwarze Peter, stark angetrunken vor einem Gasthaus im Soonwald (Hunsrück) untätig herum, als der jüdische Viehhändler Simon Seligmann vorbeikam. Auf Seligmann war der Schwarze Peter schlecht zu sprechen, denn dieser hatte behauptet, er sei ein Ehebrecher. Schnell kam es zu einem Handgemenge, in dessen Verlauf angeblich der Schwarze Peter Seligmann tötete. Schinderhannes behauptete dies jedenfalls später und betonte, er habe den Schwarzen Peter sogar erst getroffen, als dieser Seligmann bereits umgebracht hatte, er sei deshalb an dem Mord nicht beteiligt gewesen. Dennoch teilten sich beide das Geld von Seligmann. Als Schinderhannes später nach dem Grund für die Teilung der Beute gefragt wurde, meinte er nur, das Teilen sei bei Leuten seines Schlages üblich.

Die Fluchten des Schinderhannes

Schinderhannes eilte der Ruf voraus, aus jedem Gefängnis ausbrechen zu können. Tatsächlich stellte er diese Fähigkeit wiederholt unter Beweis. 1798 wurde er zum Beispiel wegen zahlreicher Pferdediebstähle in ein Gefängnis nach Saarbrücken gebracht und schaffte es trotzdem, noch in der ersten Nacht zu entkommen. Die Behörden hatten gerade seine Verhaftung gemeldet, als er schon wieder entwischt war. Der Ausbruch aus einem Turm in Simmern (Hunsrück) war dagegen etwas schwieriger, aber auch hier hatte er 1799 Erfolg. Der Gefängnisturm galt als ausbruchsicher, doch Schinderhannes schaffte es dennoch. Er besorgte sich ein Messer und konnte an der Tür einen hölzernen Sperriegel zerschneiden. Anschließend ließ sich die Tür leicht öffnen. Mit einem Seil, das vor der Tür lag, seilte er sich nun in die tiefer liegende Küche ab, wo es ein Fenster gab. Ebenfalls mit dem Messer konnte er dort das Fenstergitter lösen und sprang einfach hinaus. Doch mit dem Fenstergitter hatte sich auch ein größerer Stein gelöst, der nun hinter ihm her fiel. Er lag bereits auf der Erde, als ihn der Stein so unglücklich traf, daß er sich ein Bein brach. Unter großen Schmerzen brachte er sich in Sicherheit und fand einen seiner Kumpane, der sich um ihn kümmerte.

Die Bande des Schinderhannes

In Räuberkreisen hatte es Schinderhannes inzwischen weit gebracht. Die Aktivitäten seiner Bande waren in aller Munde, und die Bevölkerung bewunderte viele seiner oft lustigen Streiche. Als Räuberhauptmann genoß er uneingeschränkte Autorität. Bei der Obrigkeit war er verhaßt, doch die einfachen Leute schätzten ihn dafür umso mehr.

Die Schinderhannes-Bande hatte keine feste Struktur, sondern wurde eigens für Raubaktionen zusammengestellt. Sie war nicht nur auf die sonst üblichen Einbrüche spezialisiert, sondern wagte auch offene Straßenüberfälle. Gerne wurden reisende jüdische Geldverleiher oder Viehhändler überfallen und ausgeraubt. Schinderhannes wählte bevorzugt jüdische Opfer, weil er überzeugt war, die Bevölkerung helfe diesen nicht so schnell wie christlichen; zudem waren jüdische Geldverleiher bei der einfachen Bevölkerung verhaßt.

Am 5. Februar 1800 waren vier wohlhabende jüdische Händler bei dem Ort Sobernheim nahe Kreuznach in dichtem Nebel mit einer Kutsche unterwegs. Sie hatten zwar Bauern beauftragt, sie zum Schutz zu begleiten, doch diese Bauern hatten im Nebel die Verbindung zur Kutsche verloren. Plötzlich standen fünf wilde Gesellen vor der Kutsche, und ihr Anführer, Schinderhannes, schoß mit einer Flinte in die Luft und schrie:

»Heraus aus der Chaise!« Die Händler gehorchten und wurden sofort ausgeraubt. Danach zerschlug Schinderhannes mit einer Axt ihre Koffer, deren Inhalt ebenfalls mitgenommen wurde. Der Wert der Beute soll stattliche 140 Gulden betragen haben.

Bei einem anderen Überfall auf eine Händlergruppe zwang Schinderhannes seine Opfer, die Schuhe auszuziehen und auf einen Haufen zu werfen. Die besten Schuhe verschenkte er anschließend an diejenigen Opfer, die besonders ärmlich gekleidet waren. Danach beobachtete er amüsiert, wie sich die Gruppenmitglieder prügelten und ihre Schuhe voneinander zurückforderten. Einmal drückte er nach einem Überfall einem der Opfer seine Flinte in die Hand mit der Aufforderung, kurz einmal aufzupassen, denn er müsse etwas holen. Kurze Zeit später kam er zurück und ließ sich die Flinte wiedergeben. Später behauptete er, die Waffe sei sowieso nicht geladen gewesen. Die Gefahren durch seine Bande waren zuletzt so groß, daß reisende Händler nur noch in Gruppen unterwegs waren.

Weitere Opfer der Schinderhannes-Bande waren vermögende Großbauern und Handwerksmeister sowie die Bewohner reicher Pfarrhäuser. Als die Bande schließlich noch die Steuereintreiber der französischen Besatzungsmacht ausraubte und Schinderhannes einen Teil des Geldes an arme Bauern verteilte, war er endgültig zu einem Idol geworden.

Schließlich entwickelte er sogar neue Geschäftsideen: Gegen Geldzahlungen konnten sich vermögende Bürger von einem Überfall freikaufen und dann bedenkenlos umherreisen. Sie erhielten von Schinderhannes einen Passierschein, den er mit *Johannes durch den Wald* unterschrieb. Diesen Schein mußten sie den Räubern vorzeigen und blieben dann ungeschoren. Wurde der Verfolgungsdruck durch Gendarmen und Militär zu groß, wechselte die Bande die Rheinseite und befand sich dann im Ausland. Heimliche Rheinübergänge bei Nacht konnten zwar recht gefährlich sein, doch Schinderhannes gab die Parole aus: »Wer für den Galgen bestimmt ist, kann nicht ersaufen.«

Ein Räuberhauptmann hält Hof

In den armen Dörfern spendierte Schinderhannes Festlichkeiten und gab Empfänge. Wiederholt tauchte er sogar mit seinen Kumpanen bei öffentlichen dörflichen Tanzveranstaltungen auf und präsentierte sich als großer Frauenheld. Bevor er seine große Liebe, die Räuberbraut Julie Blasius, traf, war er bereits mit mindestens acht Räuberbräuten zusammen gewesen. Manchmal vergnügte er sich sogar in Hinterzimmern von Gasthäusern mit einer seiner Räuberbräute, während ihn auf der Straße die Gendarmen suchten. Bei Gefahr konnte er stets auf die Wachsamkeit der armen Bauern zählen, denn vielen gab er Arbeit und Brot. Sie verdienten als Informanten, Hehler oder Verteiler an seinen Raubzügen mit.

Gefangennahme, Prozeß und Hinrichtung

Im Jahre 1801 begann der Stern des Schinderhannes zu sinken. Er hatte es mit manchen Überfällen so sehr übertrieben, daß die Bevölkerung einiger Dörfer gegen ihn war. Er versuchte nun mit Erpressungen Geld zu verdienen, was jedoch nicht erfolgreich verlief. Die französische Besatzungsmacht verstärkte in dieser Zeit die Maßnahmen zu seiner Verfolgung und schuf neue gesetzliche Grundlagen, die für ihn zum Nachteil waren. Er wechselte deshalb wie einige Male zuvor die Rheinseite, da er hoffte, im Ausland besser geschützt zu sein. Dort kam er in Kontakt zur berüchtigten »Niederländer Bande«, die in einem derartigen Ausmaß raubte und mordete, daß er selbst im Vergleich dazu wie ein kleiner Gauner erschien. Als ihn die Bande bei einem Überfall wie einen Anfänger im Räubergeschäft behandelte, zog er sich zurück und ging erneut in den Hunsrück. Wieder zu Hause, unternahm er im Stil der »Niederländer Bande« neue Raubüberfälle, dazu gehörten schwarz angemalte Gesichter und Baumstämme, mit denen Haustüren zertrümmert wurden. Allerdings spürte er recht schnell, daß seine Zeit als Räuberhauptmann vorbei war. Ein letztes Mal wechselte er die Rheinseite. Unter dem Namen Jakob Schweikard versuchte er sich als Soldat anwerben zu lassen. Er wurde angenommen, desertierte jedoch bald. Anschließend nannte er sich Jakob Ofenloch und reiste in feiner Kleidung als Händler über die Dörfer. Er hielt sich streng an die gesetzliche Ordnung und fiel durch keinerlei kriminelle Aktivitäten auf.

Durch Zufall traf ihn am 31. Mai 1802 bei Wolfenhausen im Taunus eine Polizeistreife und wollte seinen Ausweis sowie andere Papiere sehen. Da er sie nicht vorlegen konnte, brachte man ihn zu einem Polizeirevier. Dort wurde bekannt, daß er als Rekrut desertiert war. Zur näheren Untersuchung wurde er streng bewacht festgehalten und zunächst zum Militär nach Limburg und anschließend nach Frankfurt geschickt. Dort wurde endgültig klar, daß der berüchtigte Räuberhauptmann Schinderhannes festgenommen worden war. Nach dem Abschluß der Untersuchungen wurde er aufgrund von neuen gesetzlichen Bestimmungen am 15. Juni 1802 der französischen Justiz in Mainz überstellt. Er wurde zwar von einer großen Menschenmenge empfangen und sogar vereinzelt bejubelt, doch seine Zukunft sah düster aus. In den besetzten Rheingebieten galt französisches Recht, und das sah bereits für schweren Raub die Todesstrafe vor.

Vor Gericht machte Schinderhannes zahlreichen Dokumenten zufolge einen guten Eindruck, und viele bewunderten seine Intelligenz und sein Rednertalent. Er bemühte sich intensiv um das Schicksal seiner hochschwangeren Freundin Julie Blasius, genannt Julchen, und versuchte sie zu schützen. Von all seinen Räuberbräuten war ihm Julchen die liebste. Im Gefängnis brachte sie seinen Sohn zur Welt. Später sammelten Bedienstete der Stadt Mainz für den Sohn des Schinderhannes sogar Geld, damit er einmal ein »ehrbares« Handwerk erlernen konnte.

Das Urteil gegen die Bande wurde nach einem für die damalige Zeit korrekten Verfahren und der Anhörung von 137 Zeugen am 20. November 1803 gefällt. Es gab insgesamt zwanzig Todesurteile und zahlreiche schwere Kettenstrafen, was ein Leben auf der Galeere bedeutete. Zwanzig Angeklagte wurden freigesprochen. Julie Blasius kam dank des beherzten Eintretens von Schinderhannes mit einer Strafe von zwei Jahren Zuchthaus davon. Zur öffentlichen Vollstreckung des Urteils wurde der 21. November 1803 bestimmt.

Sofort strömten aus der nahen und fernen Umgebung viele tausend Menschen nach Mainz, wo Volksfeststimmung herrschte. Angeblich kamen mehr Zuschauer in die Stadt als anläßlich des letzten Besuchs von Napoleon. Aus Frankfurt reisten Söhne der reichen Großbürger an, um ihr Idol einmal zu sehen. Sie schwärmten von der in der Literatur vielfach beschriebenen Freiheit des Räuberlebens. Auf der Höhe des ehemaligen kurfürstlichen Lustschlosses Favorite war ein schwarzes Schafott mit einer blutrot angestrichenen Guillotine errichtet worden. Bereits am Vor-

Moritatentafel mit Szenen aus dem Leben des Schinderhannes

mittag bildeten 300 Mann Infanterie einen großen Kreis um das Schafott, und die Menschen begannen herbeizuströmen.

Gegen ein Uhr läutete das Armesünderglöckchen, und, begleitet von berittenen Gendarmen sowie Trommlern und Fußsoldaten, kamen fünf Leiterwagen mit den gefesselten Todeskandidaten an. Mörder waren zusätzlich durch rote Hemden gekennzeichnet, Schinderhannes trug als Zeichen des Räuberhauptmanns noch eine Kappe. Manche Verurteilte waren schwer betrunken, und der Schwarze Jonas, ein einst besonders gefürchteter Räuber, grölte ordinäre Lieder. Schinderhannes wurde zuerst hingerichtet. Er stieg unerschrocken vom Leiterwagen und rief in die Menge: »Ich sterbe zu Recht, doch zehn meiner Kameraden sind unschuldig!« Die Köpfe fielen nahezu im Minutentakt, und nach 26 Minuten waren alle zwanzig Verurteilten der Bande hingerichtet.

Nach der Zuchthausstrafe schwor Julchen ihrer Existenz als Räuberbraut ab und nahm bei einem Pfarrer eine Stellung an. Ihr Sohn wurde später preußischer Soldat und blieb nach einem Feldzug verschollen.

Die Bande des Hölzerlips

Heute ist der Odenwald ein ruhiges Feriengebiet. Vor rund 200 Jahren allerdings ging es dort ganz anders zu. Menschen auf abgelegenen Waldwegen und auch Landstraßen mußten fürchten, überfallen und ausgeraubt zu werden. Denn die einsamen Wälder, Felder und Wiesen des Odenwalds wurden von zahlreichen Räubern und Räuberbanden durchstreift, die den Reisenden alles abnahmen, was sie nur finden und tragen konnten. Allein zwischen 1802 und 1811 wurden im noch dünn besiedelten Odenwald 267 Raubüberfälle registriert, die vermutlich von rund 300 Räubern begangen wurden. Die hohe Zahl dieser Überfälle hing mit den Hungerjahren von 1802/03 zusammen und wurde später durch die Kontinentalsperre Napoleons erhöht. Der Getreidepreis war zusammengebrochen, und die bäuerliche Bevölkerung verdiente kaum noch Geld. Die Beute der Odenwälder Räuber war allerdings niemals sehr reich. Bei nur acht der 267 Raubüberfälle war die Beute höher als 1000 Gulden. Der finanziell erfolgreichste Überfall war genau gesehen ein Diebstahl:

Odenwälder Räuber stahlen aus einem abgestellten Wagen wertvolle Stoffe im Wert von 5722 Gulden.

Dramatische Überfälle lieferte der Räuberhauptmann Hölzerlips, dem nach seiner Festnahme 15 Fälle von Straßenraub und 21 Fälle von Einbruch nachgewiesen werden konnten. Seine spektakulärste Aktion führte er in der Nacht zum 1. Mai 1811 an der Bergstraße am Rande des Odenwalds durch. Zwei Schweizer Kaufleute und ein Kutscher waren damals nach einem Messebesuch in Frankfurt auf der Heimreise, als sich ihnen Hölzerlips mit seinen Raubgesellen in den Weg stellte. Sie schlugen mit Knüppeln zu und verletzten einen Kaufmann so schwer, daß er später starb. Allen Besitz der Kaufleute nahmen sie an sich und flohen zurück in den Odenwald. Länderübergreifend wurden nun überall Steckbriefe ausgehängt, die bald Erfolg hatten. Nach und nach wurden die gesuchten Räuber an den verschiedensten Orten verhaftet und zuletzt zur Gerichtsverhandlung nach Heidelberg gebracht. Die sechs festgenommenen Täter wurden zum Tode verurteilt, allerdings begnadigte der Großherzog von Baden zwei noch sehr junge Räuber wegen ihres Alters. Am 31. Juni 1812 wurden Hölzerlips und seine Kumpanen Manne-Friedrich, Veit Krämer und Mathes mit dem Schwert geköpft.

Kleine Gauner

Ähnlich wie Schinderhannes hatte auch Hölzerlips keinen guten Start ins Leben gehabt. Er wurde um 1778 im Gebiet des Großherzogs von Hessen-Nassau geboren und trug den bürgerlichen Namen Georg Philipp Lang. Seine Eltern lebten ohne dauerhaften Wohnsitz auf der Straße. Der Junge war sich selbst überlassen, denn eines Tages war die Mutter verschwunden, so daß sich nur noch der Vater hin und wieder um ihn kümmern konnte. Als Erwachsener verkaufte Lang im Straßenhandel kleine Produkte aus Holz, die ihm den Namen Hölzerlips einbrachten. Zusammen mit einer Frau, mit der er zwei Kinder hatte, zog er von Ort zu Ort und bot seine Waren an. Wegen Landstreicherei kam er kurze Zeit ins Gefängnis, danach verließ ihn die Frau. Nun war Hölzerlips mit seinen beiden Kindern allein und verdiente den Lebensunterhalt mit Gaunereien. Später lernte er eine neue Frau kennen, die jedoch eines Tages zusammen mit seinen beiden Kindern in Darmstadt festgesetzt wurde. Jetzt wurde

Hölzerlips endgültig zu einem Räuber. Er war wegen seiner Grausamkeit und Unbeherrschtheit gefürchtet. Allerdings hatte er nicht die Qualitäten eines echten Räuberhauptmanns. Hin und wieder traf er sich mit seinen Kumpanen zu gemeinsamen Aktionen, wobei ihre Beute selten spektakulär war. Häufig stahlen sie den armen Bauern die Schweine und den Speck oder nahmen ihnen die Kleider ab. Sein Kumpan Veit Krämer war ein noch kleineres Licht. Er wollte sich einmal nicht mehr an einem geplanten Straßenraub beteiligen, weil ihm die Füße vom Laufen weh taten. Er war vorher nämlich nächtelang erfolglos unterwegs gewesen.

Die Bande des Hannikel

Eigentlich hieß Hannikel Jakob Reinhardt und gehörte der Zigeunersippe der Reinhardts an, die behauptete, eines der ältesten Zigeunergeschlechter zu sein. Geboren wurde Jakob Reinhardt um 1742 in Darmstadt. Sein Großvater, der Kleine Konradt, war bereits Räuber gewesen und 1726 in Gießen auf das Rad geflochten und geköpft worden. In ihrer großen Mehrheit waren Zigeuner sehr arm und zogen umher, so daß es nicht verwunderlich ist, daß viele von ihnen Gauner und Räuber waren.

Nach den Ehrbegriffen der Zigeuner des 18. und 19. Jahrhunderts war das Stehlen oder »Zwacken« eine Selbstverständlichkeit. In ihren Kreisen wurde die Legende erzählt, daß zur Kreuzigung Christi ursprünglich vier Nägel bereit gelegt worden waren. Eine Zigeunerin aber habe den vierten Nagel gestohlen, und Christus habe deshalb mit nur drei Nägeln gekreuzigt werden müssen.

Hannikel als Familienmensch

Nach einer schwierigen Kindheit ohne eine dauerhafte Beziehung zur Mutter kam Hannikel mit 18 Jahren zu einem Jäger, dem er bei der Suche nach Wilderern helfen mußte. Da die Wilderer drohten, ihn umzubringen, gab er die Tätigkeit nach drei Jahren wieder auf. Er hatte inzwischen seine erste Frau kennengelernt, die ihm zwei Kinder gebar. Eine Tochter war behindert, was die Familie sehr belastete, doch Hannikel erwies sich als fürsorglicher Vater. Später wurde die Ehefrau beim Betteln festge-

Jakob Reinhardt oder Hannikel (Johann Baptist Seele, 1792)

nommen und starb im Gefängnis. Hannikel fand eine neue Frau, die ebenfalls ein Kind mit ihm hatte, jedoch den Kindern aus der ersten Ehe ihres Mannes eine sehr strenge Stiefmutter war. Hannikel verließ sie deshalb und ging mit einer weiteren Frau eine Verbindung ein.

Bis in die 1760er Jahre lebte Hannikel im nördlichen Elsaß, wo er mit seinen Brüdern als Holzhacker für eine Glashütte etwas Geld verdienen konnte. Als Wäsche gestohlen wurde, wurden sie verdächtigt, und es kam zu einem schweren Kampf und Schießereien mit den Einheimischen, bei denen es auch Tote gab. Er ging deshalb mit Frau und Kindern nach Pirmasens in der Pfalz, wo er ebenfalls als Holzhacker für eine Glashütte eine Beschäftigung fand. Das Gebiet gehörte zum Territorium des Landgrafen Ludwig IX. von Hessen-Darmstadt, der Zigeuner als Arbeiter für Glashütten, als Hausierer sowie als Soldaten in seinem Heer duldete.

Zu Beginn der 1770er Jahre verdiente Hannikel dann seinen Lebensunterhalt als Hausierer und bot seinen Kunden Porzellan und Glaswaren an. Den Schwerpunkt seiner Aktivitäten hatte er inzwischen nach Württemberg verlegt. Da die Finanzmittel nicht reichten, verübte er mit einer Bande in zunehmender Zahl Einbrüche und Überfälle. Seine Bande besaß einen harten Kern aus etwa 35 Räubern, fast nur Zigeuner, die gut organisiert waren. Ihre Überfälle waren strategisch geschickt geplant und hielten die Pfalz und das Nordelsaß in Atem. Hannikel nutzte die Vorteile der zahlreichen Landesgrenzen im Südwesten Deutschlands und konnte den Verfolgern immer wieder entkommen. Seine Bande marschierte pro Nacht etwa 30 bis 35 Kilometer und schlief tagsüber versteckt im Wald. Bald galt er als einer der erfolgreichsten Räuber seiner Zeit.

Spektakuläre Überfälle

Wie andere Räuber nutzte auch Hannikel die Vorurteile der Landbevölkerung gegenüber jüdischen Geldverleihern und Viehhändlern zu seinen Gunsten aus. Viele Bauern fühlten sich von jüdischen Geldverleihern über den Tisch gezogen und wollten sich rächen. Sie gaben Hannikel entscheidende Tips. Zwei Bauern führten ihn und seine Bande 1777 zu dem Haus des reichen jüdischen Kaufmanns Liebmann Levy in dem einsamen Ort Marienthal in der Grafschaft Wartenberg. Hannikel rückte mit einer gut organisierten Bande von 28 Räubern an. Um 10 Uhr abends drangen sie vorsichtig in den Ort ein, und Hannikel ließ sofort die Seile der Kirchglocken abschneiden, damit nicht Sturm geläutet werden konnte. Etwa zwei Drittel der Räuber wurden mit Flinten als Wachposten im Ort plaziert, während nur ein Drittel den Überfall durchführen sollte.

Auf ein Kommando hin stürmten die Männer das Haus, rissen die geschlossenen Fensterläden herunter und schlugen mit Äxten die Fenster ein. Die Familie des Kaufmanns und andere Hausbewohner wurden sofort gefesselt und mit Gewalt nach Wertsachen im Haus ausgefragt. Zuletzt wurden 950 Gulden an Bargeld sowie Silbergeschirr, Schmuck, Kleider und andere Gegenstände mit einem Wert von mindestens 2400 Gulden geraubt. Um von ihrer Identität abzulenken, sprachen sich die Räuber untereinander mit den Rängen von Soldaten an. Als wegen des Lärms und der vielen Schreie die Dorfbewohner zusammenliefen, erhielten sie die Antwort, französisches Militär hole den Juden ab, da er mit gestohlenen Sachen handele. Als sich Nachbarn doch näher erkundigen wollten, wurde plötzlich geschossen, und es kam zu einer Schießerei zwischen den Räubern und den Dorfbewohnern, die auch unter den Räubern Verletzte forderte. Der Schultheiß von Marienborn berichtete später dem Grafen von Wartenberg, daß Kugeln wie Sterne vom Himmel gefallen seien.

Die Beute an Bargeld wurde auf dem Rückweg noch im Wald aufgeteilt. Bei den Wertgegenständen konnte jeder Räuber auswählen, welche er wollte. Besonders wertvolle Stücke wurden geschätzt und dann nach dem Schätzwert verteilt. Um eine sehr wertvolle Silberuhr zu erhalten und trotzdem gerecht zu bleiben, zahlte Hannikel von seiner Beute elf Gulden in die Bargeldkasse. Das Silber selbst wurde nicht geteilt, sondern später geschmolzen, um jedem Räuber seinen Anteil am Verkaufswert geben zu können.

Das wertvollste Stück der Beute, eine Hirschfigur aus Silber, erhielt Kaufmann Levy allerdings wieder zurück: Der Landgraf von Hessen-Darmstadt hatte von dem Überfall erfahren, wußte allerdings nicht, wer die Räuber waren. Er vermutete nur, daß die Zigeuner aus seinem Land eventuell daran beteiligt gewesen sein könnten und ordnete zunächst mißtrauisch an, alle Zigeuner des Landes zu verweisen. Später wurde er besänftigt, als auf unerklärlichen Wegen und für niemanden nachvollziehbar plötzlich der silberne Hirsch wieder auftauchte. Für Hannikel war dies eine Lehre, denn er startete nie mehr einen Raubzug von dem Gebiet des Landgrafen aus.

Bei vorhergehenden Überfällen auf jüdische Geldverleiher in anderen Dörfern hatten die Bewohner nicht eingegriffen, sondern sogar applaudiert und die Räuber aufgefordert, alle gefundenen Schuldscheine zu verbrennen. Hannikel kam dieser Aufforderung gerne nach und gewann insbesondere bei den verschuldeten Bauern großes Ansehen.

Als Profiarbeit kann auch der Einbruch bei einem evangelischen Pfarrer in Eltingen bei Leonberg bezeichnet werden. Hannikel war mit seinen Räubern über Leitern zu den Fenstern des Hauses hochgestiegen, hatte anschließend die Bleiverglasung der Fensterscheiben abgekratzt und das Glas sorgfältig entfernt. Seine Truppe konnte jetzt ohne großen Lärm das Innere des Hauses betreten. Sie öffneten alle Truhen und Kästen und stahlen den Inhalt, zerstörten jedoch nichts. Später wurde gerätselt, wie Hannikel wohl zu den Schlüsseln gekommen war.

Das Ende der Bande

Hannikel war nahezu zwanzig Jahre im Räubergeschäft und konnte sich länger als die meisten seiner Kollegen einer Festnahme entziehen. Sein Ende hing schließlich mit einer Frau zusammen. Toni, ein guter Bekannter der Sippe und zeitweise auch Mitglied von Hannikels Bande, hatte mit dessen Schwägerin ein Verhältnis angefangen und war mit ihr durchgebrannt. Zwischen der Verwandtschaft Hannikels und der von Toni entwickelte sich nun eine unüberbrückbare Feindschaft. Trafen sich Mitglieder beider Sippen, gab es nicht nur üble Beschimpfungen, sondern auch schwere Schlägereien. Toni ließ sich 1786 als württembergischer Soldat anwerben und ging während dieser Zeit auch ein Verhältnis mit der Stieftochter von Hannikel ein, ohne sich von seiner bisherigen Frau zu trennen. Die Stieftochter war nun über den Schwerenöter Toni so entsetzt, daß sie das Verhältnis ihrem Stiefvater beichtete. Hannikel rief seine Sippe zusammen, um die Untreue zu bestrafen. Zusammen mit Sippenmitgliedern fiel er dann über Toni her und verabreichte ihm eine tüchtige Tracht Prügel. Als eine bei Zigeunern übliche Strafe für Untreue schnitt Hannikel Toni noch die Nase ab. Toni wurde dabei so schwer verletzt, daß er starb. Vorher verriet er noch die Namen der Mitglieder der Räuberbande Hannikels. Jetzt gab es endlich die Möglichkeit, die Bande zu identifizieren und zu fassen. Freunde von Toni stellten sich den Behörden zur Verfügung, um weitere Informationen zu geben und als Spitzel zu arbeiten. Einige Bandenmitglieder wurden verhaftet, während der Rest fliehen konnte. Hannikel entkam in die Schweiz, wurde allerdings in Chur festgenommen. Die Schweiz lieferte ihn Ende 1786 nach Deutschland aus. Der Prozeß gegen Hannikel begann 1787 und endete mit dem Todesurteil für ihn und einige seiner Kumpane. Anschließend wurden sie in Sulz am Neckar gehängt.

Die Bande des Sonnenwirtle

Friedrich Schwahn wurde im Juni 1729 in der schwäbischen Kleinstadt Ebersbach an der Fils geboren und stammte aus normalen bürgerlichen Verhältnissen. Sein Vater war Gastwirt und Metzger. Er betrieb die Gaststätte »Sonne« und wurde deshalb Sonnenwirt genannt, sein Sohn hieß in der Stadt bald Sonnenwirtle. Die Eltern kümmerten sich rührend um ihren Sohn, schickten ihn zur Schule und nahmen ihn regelmäßig mit in die Kirche. Der junge Friedrich galt als sehr klug und konnte große Teile der Bibel sogar auswendig. Die Mutter soll ihren Sohn allerdings sehr verwöhnt haben, so daß er sich ungestraft immer mehr Streiche erlauben konnte, bis er diese schließlich als völlig normales Verhalten ansah. Ein Angestellter seines Vaters hatte zum Beispiel die Aufgabe, einen abgestellten Wagen mit Ladung zu bewachen. Um ihn zu ärgern, stand Friedrich mitten in der Nacht auf, um Teile der Ladung zu verstecken. Der Vater soll anschließend den Angestellten schwer beschimpft und bedroht haben.

Haß auf den Vater
Während die Mutter dem Sohn gegenüber sehr nachsichtig war, griff der Vater bei dessen Streichen hart durch und war streng. Friedrich hatte zu seinem Vater kein gutes Verhältnis und war auch nicht bemüht, es zu verbessern. Er trieb sich mit Freunden herum, die seinen Eltern nicht paß-

ten. Gegen alle Ermahnungen ging er als Jugendlicher immer wieder auf die Jagd und schoß Enten. Als seine Mutter verstarb, heiratete der Vater erneut und das Vater-Sohn-Verhältnis verschlechterte sich zunehmend.

Eines Tages fehlten in der Kasse des Vaters 430 Gulden. Ohne nähere Begründung wurde Friedrich vom Vater beschuldigt, sie gestohlen zu haben. Der Vorwurf machte ihn wütend, und er holte ein Messer, um damit dem Vater und dem Hauspersonal zu drohen. Niemand wagte es, sich ihm zu nähern, so daß er fliehen konnte. Einige Bürger überwältigten ihn jedoch und brachten ihn ins Rathaus, von wo aus man ihn umgehend ins Gefängnis warf. Allerdings konnte er bald fliehen und ging nach Heilbronn. Einige Zeit später erschien er voller Stolz in Husarenuniform zu Pferd wieder in seiner Heimatstadt. Er verhielt sich so, als hätte er sich in einem Husarenregiment anwerben lassen. Da er öffentlich als Dieb beschuldigt wurde und angeblich Beweise für den Kauf von Waren mit gestohlenen Münzen vorlagen, wollte er endlich die Münzen sehen, mit denen er bezahlt haben sollte. Er bedrohte den Amtmann von Ebersbach und seinen Vater. Mit gezogenem Degen ritt er in der Stadt umher und verkündete, zusammen mit anderen Husaren demnächst Häuser anzuzünden. Plötzlich wurde auf ihn geschossen. Sein Pferd brach zusammen, und auch er wurde verletzt. Unter strenger Bewachung wurde er nun in das Zuchthaus von Ludwigsburg gebracht und dort auch verurteilt. Während der Haft freundete er sich mit Männern an, die echte Kriminelle waren.

Der Mörder Sonnenwirtle

Nachdem er seine Strafe abgesessen hatte, verliebte sich Friedrich Schwahn, der Sonnenwirtle, in die Tochter eines armen Bauern. Sein Vater war gegen die Verbindung, weil das Mädchen zu arm für ihn war, während der Vater des Mädchens seiner Tochter den umgekehrten Vorwurf machte: Sie passe nicht in das reiche Umfeld des Sonnenwirts. Beide Eltern verboten den noch Minderjährigen die Ehe. Sonnenwirtle wurde nun wütend und drohte, alle zu ermorden, die gegen seine Heirat seien. Beim Landesherrn wollte er sogar eine Petition einreichen, um dennoch heiraten zu können. Da ihm das Geld für die Petition fehlte, verkündete er, so lange Menschen zu überfallen und auszurauben, bis er die nötige Summe zusammen habe. Sein Vater bot ihm nur unter der Voraussetzung Geld an, daß er zur Arbeit nach Frankfurt gehe und nie mehr zurückkomme, was er aber ablehnte. Er selbst versuchte daher, durch Wilderei etwas Geld zu verdienen.

Immer wieder gab es Ärger mit dem Sonnenwirtle. Zur Christnacht zum Beispiel hatte der Amtmann von Ebersbach verboten, in der Öffentlichkeit zu schießen. Doch Sonnenwirtle setzte sich einfach darüber hinweg. Nachdem es deshalb Ärger gab, bedrohte er seine Mitbürger und prügelte sich mit ihnen. Als ihn schließlich ein Müller daran hindern wollte, den eigenen Vater zu verprügeln, schlug er ihn halb tot. Er wurde erneut festgenommen und landete im Gefängnis. Während seiner Haft unternahm er insgesamt drei gut geplante, aber vergebliche Fluchtversuche. Kaum wieder in die Freiheit entlassen, brach er in ein Pfarrhaus ein, um sich Geld zu verschaffen. Nun sollte er dauerhaft in der Festung Hohentwiel eingekerkert werden. Er konnte fliehen und tauchte unter. Doch eine weitere Schreckensmeldung erreichte ihn: Seine Braut war eingesperrt worden und sollte so lange im Gefängnis bleiben, bis sie ihm abgeschworen habe. Obwohl wegen der Flucht ein Kopfgeld auf ihn ausgesetzt war, trieb er sich von nun an ständig in der Nähe ihres Gefängnisses herum. Beim Versuch, einen Hirsch zu schießen, um das Fleisch zu verkaufen, traf er zufällig einen seiner Feinde aus seiner Heimatstadt Ebersbach. Er erschoß nicht den Hirsch, sondern aus einem plötzlichen Impuls heraus seinen Feind. Nun mußte er als Mörder endgültig untertauchen, und an die geplante Ehe war nicht mehr zu denken.

Sonnenwirtle und seine Bande

Nach seiner Flucht schloß er sich einer Räuberbande an und wurde aufgrund seiner besonderen Intelligenz und Belesenheit sowie seiner Autorität bald Räuberhauptmann. Mit einer jüdischen Räuberbande arbeitete er eng zusammen, um das Diebesgut erfolgreich über Hehler absetzen zu können. Gestohlen wurde oft an Markttagen direkt an den Ständen. Einbrüche verübte er vor allem während der Nacht sowie an Sonn- und Feiertagen. Bald verbreitete die Bande Furcht und Schrecken, so daß hohe Belohnungen auf den Sonnenwirtle und seine Kumpane ausgesetzt wurden.

Um den Sonnenwirtle sind zahlreiche Geschichten überliefert. In einem Gasthaus wurde er zum Beispiel einmal von einem Wirt erkannt. Dieser verließ heimlich das Haus, um die Polizei zu holen. Sonnenwirtle jedoch durchschaute den Plan und versteckte sich in einer Kiste. Nachdem die Polizei vergeblich das Haus durchsucht hatte und wieder gegangen war, kam er erneut hervor und trank in aller Ruhe seinen Wein aus. Der Wirt stand starr vor Schreck in der Stube und war unfähig zu reden. Ein anderes Mal brach er im Haus seines Schwagers ein und stahl verschiedene Gegenstände. Nur wenige Tage danach erschien er mitten in der Nacht mit zwei Räubern seiner Bande, die als Frauen verkleidet waren, erneut bei seinem Schwager und verlangte eine gute Mahlzeit. Dabei übergab er ihm einen Schuldschein mit einer Liste der gestohlenen Gegenstände.

Ein Metzgermeister, der ihn nicht kannte, sprach ihn einmal im Wald an, er möge ihn doch bis zum nächsten Ort begleiten, denn hier treibe der Sonnenwirtle sein Unwesen, und er fürchte um sein Geld. Sonnenwirtle begleitete ihn und gab sich erst beim Abschied zu erkennen. Der Metzgermeister war völlig verblüfft, doch Sonnenwirtle erwiderte, er sei ein Mann von Ehre, der sein Wort halte. In einem anderen Fall brach seine Bande nachts in das Haus eines vermögenden jüdischen Kaufmanns ein und begann, leise die Beute einzupacken. Als er die Schlafzimmertür aufbrach, fand er das vor Schreck zitternde Ehepaar im Bett vor; beide hatten erst am Tag zuvor geheiratet. Die Schönheit der jungen Frau rührte Sonnenwirtle und erinnerte ihn gleichzeitig an seine verlorene Braut. Er ließ die Beute wieder auspacken, und sie gingen, ohne etwas mitzunehmen.

Gewissensbisse und Gefangennahme

Von Zeit zu Zeit plagten Sonnenwirtle Gewissensbisse, er dachte an seine verlorene Braut und an die Menschen, die ihm trotz seiner regelmäßigen Wutanfälle für so lange Zeit geholfen hatten. Er schrieb sogar an einen hohen Beamten des Landesherrn, daß er einige gefürchtete Räuberbanden der Justiz übergebe, wenn er Gnade und für seinen Broterwerb ein kleines Amt erhielte. Doch es gab keine Reaktion.

Mit seinen Räuberkumpanen machte er sich nicht gemein; an vielen Saufgelagen seiner Räuberbande nahm er zum Beispiel nicht teil, insbesondere, wenn sie unter einem Galgen stattfanden, um sich, wie es einer alten Räuberregel entsprach, an den Tod zu gewöhnen.

Bei einer Reise zu Pferd nach Mergentheim kam Sonnenwirtle eines Tages auch durch die Stadt Vaihingen, wo ihn ein Torwächter nach seinem Paß fragte. Er übergab ihm den Paß, dennoch wurde er gebeten, in die Amtsstube zu kommen. Der Torwächter rief seinen Vorgesetzten, um den Paß zu prüfen; der Paß war echt. Dennoch wurde der Vorgesetzte mißtrauisch: Der Reiter war seiner Meinung nach für das heruntergekommene Pferd viel zu elegant angezogen. Tatsächlich hatte ein Räubergenosse das Pferd erst einen Tag zuvor gestohlen, und Sonnenwirtle kam mit ihm nicht zurecht. Es entwickelte sich eine heftige Diskussion, während der Sonnenwirtle plötzlich die Nerven verlor. Er zog eine Pistole und versuchte, im Galopp zu fliehen. Doch das Pferd war viel zu langsam, außerdem ritt er zu einem falschen und bereits verschlossenen Tor. Er wurde überwältigt und festgenommen. In seinen Gepäck fanden sich Räuberwerkzeuge. Im Gefängnis verteidigte er sich mit großer Gerissenheit, doch die Vorwürfe konnte er letztlich nicht entkräften. Schließlich wurde er als Friedrich Schwahn, genannt Sonnenwirtle, identifiziert. Die Behörden ließen als einen weiteren Beweis seine ehemalige Braut holen. Als er sie sah, weinte er.

Die Hinrichtung und ihre Folgen

Während seiner Gefangenschaft machte Sonnenwirtle eine tiefe innere Wandlung durch und wurde religiös. In vielen Briefen diktierte er den Verlauf seines Lebens und hinterließ zahlreiche Episoden aus dem Räuberalltag. Seinen Tod erwartete er gefaßt, und auch Fremde begannen, ihn zu bedauern. Seine Hinrichtung erfolgte im Juli 1760.

Der Fall Sonnenwirtle hatte sogar Einfluß auf die deutsche Literatur. Friedrich Schiller erfuhr vom Leben und Schicksal des Sonnenwirtles und schrieb 1786 das Werk »Verbrecher aus Infamie«, das später abgeändert und 1792 unter dem Titel »Der Verbrecher aus verlorener Ehre« herausgegeben wurde. Das Leben der Räuber hatte Schiller während dieser Zeit stark beeinflußt. In seinem ersten Drama »Die Räuber« von 1781 befaßte er sich mit der Sehnsucht der Menschen nach Freiheit und der Empörung über den Niedergang der Gesellschaft.

Räuberinnen

Zu fast jeder Räuberbande gehörten auch Frauen. Sie waren nur selten an den eigentlichen Raubdelikten beteiligt, sondern widmeten sich mehr dem Diebstahl. Dabei waren sie häufig weitaus erfolgreicher als die Männer. Im Umfeld der Banden sorgten sie nicht nur für deren Zusammenhalt, sondern auch für deren Erhalt. Sie gingen betteln und stahlen auf Märkten oder in Häusern; als geübte »Sackgreiferinnen« konnten sie blitzschnell die Taschen leeren und als »Beutelschneiderinnen« die Geldbörsen ebenso rasch abschneiden. Gingen sie »schmusen«, was in der Gaunersprache »reden« bedeutete, redeten sie solange auf ihre Opfer ein, bis diese unachtsam wurden und bestohlen werden konnten. Beim heimlichen Diebstahl in Häusern hatten sie oft einen »Päger« dabei, ein vergiftetes Stückchen Fleisch oder Brot für die Wachhunde.

Nahmen sie direkt an Bandenaktivitäten teil, trugen Räuberinnen meist Männerkleidung, wie etwa im November 1800, als ein jüdischer Händler im Hunsrück von zwei Räubern überfallen und um 25 Louisdor erleichtert wurde. Die Räuber sollen der berühmte Schinderhannes persönlich und seine Räuberbraut Julchen in Männerkleidung gewesen sein. Insgesamt trugen jedoch bei Räuberaktivitäten weit mehr Männer Frauenkleidung als Frauen Männerkleidung.

Die »Alte Liesl«
Die »Alte Liesl« wurde um 1690 als Elisabetha Frommerin geboren und war bereits als Kleinkind für ein Leben auf der Straße bestimmt. Ihre Eltern lebten selbst ohne dauerhaften Wohnsitz. Der »Alten Liesl« spielte das Schicksal übel mit. Drei ihrer Ehemänner, mit denen sie mehrere Kinder hatte und die ebenfalls auf der Straße gelebt hatten, wurden hingerichtet. Die »Alte Liesl« war auf den Diebstahl auf Märkten und Messen spezialisiert und trat hauptsächlich als Sackgreiferin und Beutelschneiderin sowie als Diebin in Kirchen auf. Um sich gegenseitig schützen zu können, war sie meist mit einer kleinen Gruppe von Frauen und Männern unterwegs, zu der auch ihre Töchter gehörten. Ihr letzter Liebhaber, der sie ebenfalls begleitete, war mehr als 15 Jahre jünger als sie. Sie war die Anführerin dieser Gruppe, die allerdings nicht so straff

wie eine Räuberbande organisiert war. Im Winter stiegen sie meist zur Übernachtung in heruntergekommenen Herbergen ab, im Sommer schliefen sie manchmal auch im Freien.

Der Aktionsradius der »Alten Liesl« war Schwaben, der Bodenseeraum, das Oberrheingebiet und die Schweiz. Ein Steckbrief aus Zürich beschrieb sie 1728 als klein mit gut ausgeprägter Taille, bleichem Gesicht und schwarzen Haaren. Sie war damals mit zwei eigenen Kindern unterwegs. 1729 konnte sie sogar aus dem Gefängnis ausbrechen, als sie von Sigmaringer Jägern eingesperrt worden war. Als sie 1730 beim Diebstahl an Opferstöcken in Kirchen erwischt wurde, wurde sie gefoltert: Es wurden ihr Nägel durch die Finger getrieben. Nur ein Jahr später wurde sie nach einem Marktdiebstahl in Schaffhausen erneut verhaftet. Zur Gerichtsverhandlung und Folter kam es allerdings nicht, denn sie war damals hochschwanger. Wenige Monate später wurde sie in Chur festgenommen und zur Strafe an der Nase »gestümmelt«, das heißt, es wurde ein Stück der Nase abgeschnitten.

In Salem am Bodensee endete schließlich ihre Karriere als Räuberin und Diebin. Während einer großen »Säuberungsaktion gegen das Straßengesindel« wurde sie festgesetzt. Lange leugnete sie die ihr vorgeworfenen Straftaten, doch nachdem eine ihrer Töchter aufgegeben hatte, gestand auch sie. Am 17. August 1732 wurde sie gehängt. Sie wurde zwar die »Alte Liesl« genannt, doch bei ihrem Tod war sie erst knapp über vierzig Jahre alt.

Die Schleiferbärbel

Mit ihrem bürgerlichen Namen hieß die Schleiferbärbel Barbara Reinhardten. Sie wurde vermutlich 1744 in Dudenhofen bei Speyer geboren. Sie soll die Tochter eines Bergmanns gewesen sein, während ihre Mutter eine Hirtin war. Ihr Vater starb recht früh. Kurze Zeit nach dessen Tod erkrankte die Mutter an Syphilis und starb ebenfalls. Die kleine Barbara lebte damals bereits im Haus eines Scharfrichters in Lothringen, später wurde sie Küchenmädchen. Durch Nähen und Stricken versuchte sie, etwas Geld zu verdienen, doch ihr Verdienst reichte nicht aus. Im Alter von zwanzig Jahren wurde sie nach mehreren Marktdiebstählen erstmals in Offenburg festgenommen und zur Festungsarbeit verurteilt. Sie konnte allerdings fliehen und zog danach bettelnd umher. Später lernte sie den ebenfalls umherziehenden Scherenschleifer Toni Krämer kennen, der allgemein Schleifertoni genannt wurde. Sie zogen gemeinsam mit der fahrbaren Scherenschleiferei umher und boten in den Dörfern ihre Dienste an. Mit etwa 25 Jahren heiratete sie den Schleifertoni und hieß von nun an die Schleiferbärbel.

Schleifertoni blieb stets ein ehrlicher Mann und beging vermutlich nie eine Straftat, Schleiferbärbel dagegen war bald eine gefürchtete Trickdiebin, die auf Märkten ihr Unwesen trieb. Sie wurde mehrfach festgenommen, konnte allerdings immer wieder entkommen. 1776 erhielt sie eine Prügelstrafe und wurde des Landes verwiesen. Wegen ihrer Diebereien zog sie zuletzt immer öfter allein mit ihren drei Kindern umher und trennte sich nach etwa zehn Jahren Ehe von Schleifertoni. Im Alter von etwa 36 Jahren geriet sie mit dem berüchtigten Konstanzer Hans in Kontakt; dieser war Räuberhauptmann einer straff organisierten Bande im Bodenseebereich. Obwohl sie keine Schönheit war, konnte sie den etwa 15 Jahre jüngeren Räuberhauptmann an sich binden. Sie wurde nicht zu einer typischen Räuberbraut, sondern besaß großen Einfluß auf die Bande und wirkte bei Planungen mit. Regelmäßig wurden spektakuläre Überfälle durchgeführt. Dabei schloß der Konstanzer Hans Gewaltanwendung weitgehend aus, und er war auch nie an einem Mord beteiligt. Mit Vorliebe wurden Pfarrer überfallen. Bauern beraubte er nie, so daß sie ihm immer wieder ein Versteck gewährten.

Im August 1783 rückte die Polizei der Bande immer näher und konnte auch die Schleiferbärbel festnehmen. Sie wurde monatelang verhört und schließlich in einen Gefängnisturm verlegt, aus dem sie allerdings fliehen konnte. Ihre Gefängnisketten legte sie in einer Kirche ab. 1787 wurde eine groß angelegte Fahndung nach ihr gestartet, doch es hieß bald, sie ziehe in der Schweiz umher. Im überlieferten Lebenslauf der Schleiferbärbel gibt es nun große Lücken. Gesichert ist allerdings, daß sie einmal unerkannt und tief betroffen zusah, wie ihr 17-jähriger Sohn als Gauner gehängt wurde. In einem Zuchthaus in Pforzheim soll die Schleiferbärbel schließlich 1811 Selbstmord begangen haben.

Räuber und die Staatsgewalt

Strafmaßnahmen für Räuber

Noch im Mittelalter und während der Zeit des Dreißigjährigen Krieges wurde mit Räubern kurzer Prozeß gemacht: Sie wurden hingerichtet. Ritter und Adelige hatten die Ehre, geköpft zu werden, während für den einfachen Menschen, der in der gesellschaftlichen Hierarchie weit unten stand, fast immer der Galgen vorgesehen war. Einen Ritter zu hängen, bedeutete für den Verurteilten eine besondere Schande, so daß Fürsten und Städte diese Hinrichtungsart häufig für gefangene Raubritter wählten. Außer dem Köpfen und Hängen gab es noch zahlreiche weitere Hinrichtungsarten, die oft an Grausamkeit nicht zu überbieten waren. Die Justiz des Mittelalters erfand eine breite Palette von Strafen, die in Abhängigkeit vom Vergehen beispielsweise mit Auspeitschen, Verstümmeln und Blenden begannen und mit Hängen, Enthaupten, Aufschlitzen, Rädern und Verbrennen endeten. Der Verurteilte sollte beim Sterben für seine Untaten büßen. Durch die Härte der Strafen wollte man gleichzeitig andere davon abschrecken, ebenfalls Straftaten zu begehen.

Die Hinrichtungsschau

Jede Hinrichtung war eine öffentliche Veranstaltung. Wurden etwa bekannte Räuber ins Jenseits befördert, wollten sich viele Menschen dieses Schauspiel nicht entgehen lassen und versammelten sich schon früh am Hinrichtungsplatz. Spätestens in diesen Augenblicken tauchten aber auch Diebe auf, die eine gute Gelegenheit zum Stehlen suchten. Diebe waren abgebrüht: Es wurde auch gestohlen, wenn gute Kollegen, die bei ihren Tätigkeiten erwischt worden waren, gehängt wurden. Das Unterhaltungsprogramm begann meist recht früh. In Nürnberg spielten beispielsweise bereits die Stadtpfeifer auf, wenn der Galgen aufgebaut wurde. Die anschließende Hinrichtung folgte dann einer vorgegebenen musikalischen Dramaturgie. Zunächst begleiteten verschiedene Trommler den Todeskandidaten beim Gang zur Richtstätte. Danach zeigten Trompeter ihre Kunst und bereiteten den abschließenden Höhepunkt vor. Schritt dann der Henker oder Scharfrichter endlich zur Tat, hatte die Musik an Lautstärke und Instrumentenfülle ihren Höhepunkt erreicht.

Auch bei Menschen, die öffentlich verprügelt wurden, machten Musiker auf das Ereignis aufmerksam. Jeder Schlag mit Peitsche oder Stock wurde, um Zuschauer anzulocken, von einem Trompetentusch begleitet.

Einfache Menschen und die Justiz

Dem einfachen Volk war es über viele Jahrhunderte fast unmöglich, ein echtes und neutrales Gericht anzurufen. Ständig traf es auf Richter, die einem Standesdenken verfallen waren und beispielsweise den Wert eines Adeligen höher einstuften als den eines Bauern. Über das Schicksal eines Angeklagten entschied der Lehnsherr, der in seinem Lehen auch die Gerichtsbarkeit besaß. Praktisch immer war er juristisch ein Laie und verurteilte den Angeklagten nach wenigen und dazu noch ungenauen Regeln. Oft ließ er hängen und bei weniger schlimmen Untaten den Delinquenten entweder verprügeln oder verstümmeln. In ein Verlies geworfen wurden meist Menschen, bei denen finanziell einiges zu holen war. Sie konnten sich dann beim Lehnsherrn freikaufen. Hängten Bauern einen gefaßten Räuber in Selbstjustiz einfach auf, gab es für sie nur selten Probleme. Der Lehnsherr, soweit er es überhaupt erfuhr, hätte es genauso gemacht.

Peinliche Halsgerichtsordnung

Im Jahre 1532 erließ Kaiser Karl V. für das Deutsche Reich die »Peinliche Halsgerichtsordnung«, die für Räuber die Todesstrafe vorsah. Von nun an wurde nicht mehr nach Gutdünken des Lehnsherrn, sondern nach Vorschrift gehängt. Fehlten mildernde Umstände, konnte auch gerädert werden. Der Verurteilte wurde dazu auf ein großes Wagenrad gefesselt, und ihm dann mit einem anderen Wagenrad alle Knochen zerschlagen, bis er tot war.

Trotz brutalster Strafen ließ sich das Räuberunwesen insbesondere in Krisenzeiten dennoch kaum eindämmen. Im Mittelalter zogen oft große Räuberbanden durch das Land und terrorisierten die Bevölkerung.

*Schleifen als gängige Strafe für Räuber, Mörder und Mordbrenner
(15. Jahrhundert)*

Wurden sie endlich erwischt, gab es Massenhinrichtungen. Den Räubern selbst war das eigene Schicksal oft gleichgültig. Sie lebten stets in dem Bewußtsein, daß man sie hängte, sobald man sie faßte.

Erste Gefängnisse

In den Städten gründeten die Bürger bereits im Mittelalter erste Gefängnisse, wobei es sich meist um massive Türme oder tiefe Kellergewölbe handelte. Hier verblieb der Angeklagte jedoch nur bis zu seiner Verhandlung. Anschließend wurde er dann je nach Urteil bestraft – meist hängte man ihn oder richtete ihn auf andere Weise hin. Auf dem Land gab es für Angeklagte nur die Verliese der Burgen, wo sie auf Anordnung des Lehnsherrn eingesperrt wurden. War ein Burgverlies allerdings bereits mit Gefangenen zur Erpressung von Lösegeld besetzt, wurden Räuber aus den unteren Ständen der Bevölkerung sofort aufgehängt.

Erst nach dem Dreißigjährigen Krieg griff die Justiz allgemein auf längere Freiheitsstrafen zurück, und der Verurteilte wurde nicht mehr unbedingt hingerichtet, sondern unterschiedlich lang eingesperrt. Joachim Friedrich, Kurfürst von Brandenburg, hatte bereits Ende des 16. Jahrhunderts in Berlin erste Gefängnisse gegründet, die er Zuchthäuser nannte, denn dort sollte der Verurteilte durch Zucht in ein ehrliches Leben zurückgeführt werden. In ihnen wurden hauptsächlich Bettler eingesperrt, während Schwerkriminelle weiter hingerichtet wurden. Waren die Insassen gesund und arbeitsfähig, mußten sie für die Obrigkeit verschiedene Arbeiten verrichten und meist wichtige Handelswaren herstellen. In solchen Arbeitshäusern wurde die Strafe durch eine fehlende Entlohnung abgebüßt. Die Gesetzeslage ließ sogar zu, daß Eltern, die mit ihren Kindern Probleme hatten, diese kurzzeitig in ein Zuchthaus einsperren lassen konnten. Arbeit sollte den Menschen erziehen.

Das Polizeiwesen

Im Mittelalter waren verurteilte Menschen, die nicht gefaßt werden konnten, vogelfrei. Dieser Zustand galt in der Regel für die Betroffenen ein Leben lang. Jedermann, der sie nach einem solchen Urteil traf, konnte sie töten, ohne dafür bestraft zu werden. Ein Lehnsherr hatte auf seinem Gebiet nicht nur die Befugnis, Gericht zu halten, sondern übte auch viele Aufgaben der heutigen Polizei aus. Er selbst oder von ihm Beauftragte jagten Täter, identifizierten sie und nahmen sie fest, um sie anschließend einer Bestrafung zuzuführen.

In den großen Territorien der Fürsten und des Hochadels existierten auf diese Weise schon im Mittelalter unterschiedliche Vorstufen zu einem durchorganisierten Polizeiapparat. Die Erfahrungen aus zahlreichen Fehden hatten schon früh viele Adelige und Städte zum Aufbau eines Systems von Spitzeln, Überwachungspersonal und Zuträgern von Informationen gezwungen. Dieses System wurde immer weiter ausgebaut und konnte leicht immer mehr polizeiliche Aufgaben übernehmen.

In den freien Städten hatten Wächter an Stadttoren oder auf Türmen ebenfalls eine Art Polizeigewalt und konnten Verdächtige verhaften. Nachts gingen außerdem Wächter durch die Stadt, um Einbrüche oder Überfälle zu verhindern. Es existierte somit bereits seit dem Mittelalter eine Vorstufe zu einem modernen Polizeiapparat einschließlich der Polizeireviere.

Etwa ab Mitte des 16. Jahrhunderts wurden in nahezu allen Städten und Dörfern des Reiches Kirchenbücher geführt, in denen Geburten, Todesfälle oder andere Ereignisse notiert wurden. Jeder einzelne Mensch wurde somit bürokratisch erfaßt. Diese Bücher waren bald eine wichtige Hilfe zur Identifizierung und Klärung der Herkunft von Dieben, Räubern und anderen Kriminellen.

Ein ausgefeilter Polizeiapparat im heutigen Sinne entstand allerdings erst im 18. und 19. Jahrhundert. Nahezu jeder Fürst verfügte über einen eigenen Polizeiminister, der die Bevölkerung genau beobachten sollte, um einen möglichen Umsturz noch im Keim zu ersticken. Dabei wurden dichte Netze ausgeworfen, in denen sich auch immer wieder Räuber verfingen. Aktiv war nicht nur die Polizei, sondern bereits auch eine Art Geheimpolizei.

Die Identifizierung der Räuber

Im frühen 19. Jahrhundert wurden die Möglichkeiten der Suche nach Räubern und die ihrer Verhaftung erweitert. Erste Steckbriefe tauchten auf. Genaue Abbildungen waren allerdings technisch nur selten möglich. Deshalb konzentrierte sich die Obrigkeit auf eine möglichst genaue Beschreibung des Gesuchten. Diese wurde dann der Öffentlichkeit zugänglich gemacht und half zusammen mit einer Belohnung bei der Identifizierung und Festnahme. Neben dem Aussehen und Verhalten wurden auch besondere körperliche Merkmale und sogar Lebensgewohnheiten sowie Bekleidungsvorlieben dokumentiert. Manche Amtspersonen nahmen ihre Fähigkeiten zur Charakterisierung der Gesuchten ganz genau und sprachen von einer Verbrecherbeschreibungskunst. Diese hatte strengen Schemata zu folgen und konnte deshalb auch standardisiert werden. Durch die Vereinheitlichung von Steckbriefen konnte auch über die Landesgrenzen hinaus gefahndet werden. Die Polizeibehörden führten Gaunerlisten, in denen alle Täter mit ihrem Strafregister dokumentiert waren.

Klassifizierung der Räuber

Ebenfalls im frühen 19. Jahrhundert wurden die Taten der Räuber erstmals auch klassifiziert. Vorher nahmen es die Gerichte mit einer solchen Untergliederung der Taten meist nicht sehr genau: geraubt war geraubt, und es wurde gehängt. Nun begann die Bürokratie im Polizeiwesen zu blühen. So wurde zum Beispiel zwischen folgenden Räubertypen unterschieden: Der »Schränker« raubte in der Nacht; der »Stänkerer« raubte spontan und durch Zufall, sobald er eine gute Gelegenheit erkannte; der »Jomakener« nutzte die Erntezeit, um in Bauernhäusern einzubrechen; der »Stratekehrer« hatte sich ausschließlich auf Straßenraub spezialisiert etc.

Verhöre und Folter

War ein Täter gefaßt, mußte er seine Tat auch gestehen, um verurteilt werden zu können. Reine Indizienprozesse, wie sie heute vor Gericht stattfinden können, waren zur Zeit der großen Räuberbanden noch nicht üblich. Kein Angeklagter hatte das Recht zu schweigen, schwieg er dennoch, wurde ein Geständnis aus ihm herausgeprügelt. Menschen wurden auf brutalste Weise gefoltert. Es gab Folterspezialisten, die jedes Geständnis aus einem Angeklagten herausholen konnten. Wurden Frauen als Hexen angeklagt, brachten es die Folterspezialisten manchmal sogar fertig, daß sie zugaben, mit dem Teufel Geschlechtsverkehr gehabt zu haben. Mancher Ketzer gestand sogar bereitwillig, Christus persönlich ans Kreuz genagelt zu haben.

Vor jeder Folter wurde nach der Gerichtsordnung zunächst ein Verhör angeordnet. Der Angeklagte sollte seine Tat oder Taten gestehen. Manche Verhörspezialisten besaßen großes psychologisches Geschick und konnten einiges erfahren. Gab ein Angeklagter seine Taten zu, blieb ihm die Folter erspart, und die Gerichtsverhandlung wurde angesetzt. Große Probleme hatten Unschuldige, die ihre Unschuld nicht beweisen konnten. Ihnen blühte die Folter, und es kam oft genug vor, daß sie dabei Taten zugaben, die sie überhaupt nicht begangen hatten.

Schwieg ein Angeklagter zu den Beschuldigungen oder bestritt seine Taten, wurde ihm zunächst die Folter nur angedroht. Nahm er dann zu den Beschuldigungen nach wie vor keine Stellung oder stritt seine Taten weiter ab, wurde er gefoltert. Die Qualität eines Gerichts und seine Beurteilung von Aussagen unter Folter konnten erheblich schwanken. Für die Mehrheit der Richter waren natürlich neben der Aussage des Angeklagten noch weitere Beweise notwendig, um einen Prozeß zu eröffnen. Andere Richter dagegen verließen sich auch ohne überzeugende zusätzliche Beweise allein auf Aussagen, die während der Folter gemacht wurden, und verurteilten danach. Häufig genügten bereits der Ruf eines Räubers in der Bevölkerung oder die Interessen des Landesherrn für ein Todesurteil.

Sowohl Männer als auch Frauen konnten gefoltert werden. Dabei gab es verschiedene Abstufungen der Tortur, die bei einer unzureichenden Aussage immer weiter verschärft wurde. Manche hartgesottenen und zähen Räuber vertrugen einiges, bis sie zu reden begannen. Insbesondere Zigeunern wurde nachgesagt, daß sie ihre Schmerzen lange ignorieren konnten. Waren Folteropfer durch die Qualen bewußtlos, wurde die Folter nur unterbrochen, aber nicht beendet. Nicht wenige Verdächtige starben dabei. Erst während der zweiten Hälfte des 19. Jahrhunderts wurde die Folter nach und nach abgeschafft.

Rechtsfindung und Prozeß

Im 18. und 19. Jahrhundert gab es für jeden Prozeß einen gesetzlich festgelegten Ablauf, und ausgebildete Richter versuchten, jede Verhandlung weitgehend fair zu führen. So unabhängig wie in der Gegenwart waren Richter bei ihren Entscheidungen allerdings nicht. Hinter ihnen stand stets der Landesherr, dessen Interessen berücksichtigt werden mußten. Gegenüber dem Mittelalter und der Zeit des Dreißigjährigen Krieges konnten allerdings in der Justiz deutliche Fortschritte beobachtet werden, die das Ziel hatten, den Angeklagten gerecht und objektiv zu verurteilen. Willkürliche Urteile konnten zwar nicht ausgeschlossen werden, doch sie kamen nicht mehr so häufig wie in den vorhergehenden Jahrhunderten vor.

Der Angeklagte mußte außerdem nicht mehr wie früher völlig passiv seinem Richter gegenüberstehen, sondern hatte das Recht, sich ausgiebig und umfassend zu verteidigen. Beide Parteien stellten dann ihre Zeugen vor, die der Richter befragte. Im Schinderhannes-Prozeß wurden sogar 137 Zeugen vernommen, um zu einem klaren Urteil zu kommen. Richter konnten Angeklagte auch freisprechen, wenn deren Schuld nicht bewiesen werden konnte. Überführte Räuber mußten jedoch mit der Todesstrafe rechnen. Die letzte Entscheidung zur Hinrichtung lag beim Landesherrn. Bei ihm konnten Gnadengesuche eingereicht werden.

Strafen und Strafvollzug

Das 18. und 19. Jahrhundert kannte Todes- und Leibesstrafen sowie Freiheitsstrafen. Häufig wurden auch Kombinationen von Bestrafungen verhängt. Für überführte Räuber gab es in der Regel die Todesstrafe. Sie wurden gehängt, geköpft oder gerädert. Nach dem Hängen blieb die Leiche stets am Galgen hängen, was als eine zusätzliche Bestrafung gewertet wurde: Die Seele des Toten sollte keine Ruhe finden. Frauen wurden nur in Ausnahmefällen gehängt. Zahlreiche Frauen trugen früher nämlich keine Unterwäsche, und die Justiz hatte daher Bedenken, die Schamhaftigkeit der Bevölkerung könne leiden, wenn eine weibliche Leiche ohne Überwachung am Galgen baumele.

Es gehörte zur Räuberehre, nachts heimlich zum Galgen zu kommen, um tote Kollegen abzunehmen und zu beerdigen. Sogar Mitglieder von fremden Räuberbanden wurden heimlich bestattet. Nur Verräter wurden von den Räuberbanden im wahrsten Sinne des Wortes hängen gelassen.

Räuberleichen für die Forschung

Als gegen Ende des 18. Jahrhunderts die Medizin Fortschritte machte, wurden viele Leichen von Räubern nicht mehr am Galgen hängen gelassen, sondern umgehend der Anatomie übergeben. Skelette und Körperteile wurden dann präpariert, um die menschliche Anatomie weiter zu erforschen. Manches Skelett von einst berüchtigten Räubern steht noch heute in den Sammlungen von anatomischen Instituten oder in Museen.

Besondere Experimente wurden zum Beispiel mit den Leichen der Schinderhannesbande angestellt. An ihnen wurde die Wirkung des elektrischen Stromes, der damals noch »galvanisches Agens« hieß, auf tote Menschen getestet. Direkt an der Guillotine war ein Schlauch angebracht, durch den der Kopf unter das Schafott rollte, wo die Experimente stattfanden. Die Protokolle der Experimente zeigen, daß elektrischer Strom am Zungenschlundnerv sogar den abgeschlagenen Kopf veranlassen kann, die Zunge herauszustrecken oder mit den Zähnen zu knirschen. Am Kopf eines Räubers namens »Scheeler Franz«, der zu Lebzeiten an Grauem Star gelitten hatte, kam es schließlich zu einem besonderen Effekt: Die trübe Augenlinse wurde auf einmal wieder klar.

Leibesstrafen

Zu den Leibesstrafen gehörte der Pranger, an den sowohl Männer als auch Frauen gestellt werden konnten. Am Pranger wurden die Verurteilten auch öffentlich verprügelt, es wurden Teile von Nasen und Ohren abgeschnitten, oder sie wurden mit heißen Eisen auf der Haut gebrandmarkt. Die Brandmarkung war nach der Todesstrafe die härteste Leibesstrafe. Dem Verurteilten wurde beispielsweise das Stadtwappen eingebrannt, damit er sich nicht mehr in der Stadt blicken lassen konnte.

Freiheitsstrafen

Unter allen Freiheitsstrafen fürchteten sich verurteilte Mitglieder von Räuberbanden am meisten vor der Galeere. Eine Galeerenstrafe war kaum zu überleben, und die Verurteilten starben oft nach kurzer Zeit an Erschöpfung. Als die Galeeren etwa ab der Mitte des 18. Jahrhunderts technisch veraltet waren, wurden die Verurteilten statt dessen in ein Zucht- oder Arbeitshaus gesteckt. Gearbeitet wurde den ganzen Tag über. In der Freizeit hatten die Verurteilten die Kirche zu besuchen. Der Aufenthalt in einem Zucht- oder Arbeitshaus konnte sich über Jahre oder auch für den Rest des Lebens hinziehen. Die Ernährung dort war völlig unzureichend: Der Speiseplan bestand zum Beispiel am Sonntag aus Suppe und Gemüse und an den Wochentagen abwechselnd aus Brot und Suppe.

Zwei Verurteilte werden gerädert (15. Jahrhundert)

RÄUBERROMANTIK

Das Räuberbild der Literatur, der Kunst und insbesondere auch des Films stimmt selten mit der Realität überein, sondern zeigt idealisierte Räuber, die es so niemals gab. In der Wirklichkeit waren Räuber fast immer nur an ihrer Beute interessiert, und ihre häufig sehr harte Vergangenheit hatte bei ihnen eine gewisse Verachtung ihren Mitmenschen gegenüber gefördert. Der idealisierte Räuber dagegen verkörpert eine Art von »Anti-Räuber«, der zwar als Räuber bezeichnet werden kann, aber in seinem Inneren von edlen Eigenschaften dominiert wird. Er ist meist ein Mensch mit einem ausgeprägten Gerechtigkeitsgefühl, der, und darin liegt eine Art von Widerspruch, für das Gute streitet. Kriminelle Absichten sind bei ihm kaum zu finden, denn er dient der ausgleichenden Gerechtigkeit. Die Ungerechten, die ungestraft die Armen ausbeuten können, werden von ihm und nicht von der Obrigkeit bezwungen. Sie verlieren allein durch ihn ihr zu Unrecht erworbenes Geld. An diesem Geld jedoch ist der idealisierte Räuber nur wenig interessiert; er gibt es den Armen zurück. Der schwere Überlebenskampf der armen Menschen im 18. und 19. Jahrhundert läßt den idealisierten Räuber unberührt. Er haust in den Geschichten zwar in einem Räubermilieu, doch der Kampf um die Beute und der harte Alltag wird bei ihm nicht deutlich. Sogar im tiefen Wald ist er noch in der Lage, einen gewissen Lebensstandard zu halten. Wie er diesen erreicht, verraten Geschichten um idealisierte Räuber allerdings nicht.

Der idealisierte Räuber kämpft nicht nur für eine gute Sache, sondern er lebt zusätzlich in der Freiheit der Natur und ist keinen Zwängen unterworfen. Diese Lebensform erhebt ihn weit über das befehlsgewohnte Bürgertum seiner Zeit, das ihn zwar verachtet, aber dennoch seine Freiheit nicht erreichen kann. Ein idealisierter Räuber empfängt keine Befehle, sondern alle seine Entscheidungen werden allein von ihm gefällt. Er kann sogar ungestraft Gedanken nachgehen, die während der Zeit der absolutistischen Staaten recht gefährlich waren. Insbesondere für die Jugend aus reichem Hause war früher die Freiheit des Räuberlebens geradezu ein Ideal, dem sie, ohne das wirkliche Räuberleben zu kennen, nacheifern wollten.

Aus dem Umfeld der Menschen mit »unehrlichen« Berufen, der eigentlichen Heimat der echten Räuber, stammt der idealisierte Räuber nur in seltenen Fällen. Oft ist er sogar adelig und wurde durch üble Machenschaften um sein Erbe gebracht oder mußte aus politischen Gründen in den Untergrund abtauchen. Dennoch ist er höchstens zeitweise ein Sozialrebell. Er bleibt in seinem Räubermilieu und versucht nur indirekt, die Gesellschaft zu einem Umsturz zu bewegen. Der idealisierte Räuber ist eine Kunstfigur und eine Projektionsfläche für Wünsche und Träume der Leser und Zuschauer von Räubergeschichten. Auch Menschen von edler Herkunft und feinem Benehmen können nach einer solchen Projektion zu Räubern werden, doch sie stehen dann stets auf der Seite der kleinen Leute und kämpfen gegen die ungerechte Obrigkeit.

Ein idealisierter Räuber fürchtet sich nie und setzt sich auch gegen eine Übermacht von Feinden durch. Wird er gefangen, muß er keine Hinrichtung fürchten, denn die Flucht wird im stets gelingen. Muß er dennoch sterben, erleidet er einen »guten« Tod. Er opfert sein Leben für »seine Sache«, und er weiß, daß dieses Opfer nicht vergeblich war. Im wirklichen Leben war der »gute« Tod der Räuber dagegen selten. Als der jüdische Räuber Jonas Mayer 1699 hingerichtet wurde, versuchte ihn ein Pastor vorher zu taufen und zu bekehren, damit er einen »guten« Tod erleide. Doch der Räuber Mayer wollte nicht, sondern verfluchte noch am Galgen christliches Gedankengut. Er wurde deshalb nach der Hinrichtung vom Galgen abgenommen, um ihm die Zunge herauszureißen und zu verbrennen – er starb einen »bösen« Tod. Anschließend wurde er als Leiche erneut gehängt, diesmal mit den Füßen nach oben. Als Zeichen höchster Verachtung hängte man neben ihn einen toten Hund.

Der idealisierte Räuber agiert wie auf einer Bühne, und die Kulissen dieser Bühne bilden eine höchst malerische Umgebung, in der es sich gut leben und wohnen läßt. Im Mittelalter und auch während der beginnenden Neuzeit fürchteten sich die Menschen vor dem tiefen Wald, der für sie ein Symbol für Gefahren und Chaos war. Der idealisierte Räuber dagegen ist der Natur verbunden und liebt mitsamt seiner Bande deren Schönheit. Sogar Ruinen scheinen im Umfeld dieser Räuber in Schönheit unterzugehen.

Ende des 19. Jahrhunderts gab es zahlreiche »Räubermaler«, die wilde Gesellen während ihrer »Geschäfte« in einer malerischen Landschaft darstellten. Der Blick dieser Räuber war stolz und siegesgewohnt und zeigte keine Spuren von Angst. In der Kunst wußte der Räuber, daß er frei war, und er genoß es. Dabei haben manche Künstler mit Räubern sogar schlechte Erfahrungen gemacht. Karl Friedrich Schinkel (1781–1841) mußte sich beispielsweise während einer Italienreise gleich mehrfach vor Räubern in Sicherheit bringen; einmal flüchtete er in ein Kornfeld, um sich zu verstecken. Doch im Atelier waren alle diese Gefahren vergessen. Der »mordgewohnte« und furchtlose Blick der Räuber war (und ist) für Maler ein so wirkungsvolles Motiv, daß sie es sich von der Wirklichkeit nicht nehmen lassen wollten.

Christian August Vulpius, ein Schwager Goethes, fand zu seiner Zeit mit seiner Geschichte des Räuberhauptmanns Rinaldo Rinaldini bei den Lesern mindestens so viel Interesse wie sein berühmter Verwandter; für viele Menschen war er sogar weitaus interessanter. Rinaldini gleicht in der Serie von neun Büchern einem modernen »Action-Star« und besteht neben seinen zahlreichen Affären mit Geliebten noch ein Abenteuer nach dem anderen – ein Räuberleben, das den durchschnittlichen Bürger schon neidisch machen konnte.

Die Räuberromantik spiegelt heute wie früher die menschliche Sehnsucht nach Freiheit und Losgelöstheit von allen Zwängen wider – mit dem wirklichen harten Räuberleben hat sie allerdings nichts zu tun.

Darstellung eines Bühnenbildes der Uraufführung von Schillers »Räubern«
(um 1785)

Ausgewählte Literatur

Ariès, Philippe/Duby, Georges (Hrsg.): Geschichte des privaten Lebens. Augsburg 1999

Badisches Landesmuseum Karlsruhe: Schurke oder Held. Historische Räuber und Räuberbanden. Sigmaringen 1995

Blasius, Dirk: Kriminalität und Alltag. Göttingen 1978

Boehncke, Heiner/Hindemith, Bettina/Sarkowicz, Hans: Die großen Räuberinnen. Frankfurt 1994

Boehncke, Heiner/Sarkowicz, Hans (Hrsg.): Die deutschen Räuberbanden. Frankfurt 1991

Borst, Arno: Lebensformen im Mittelalter. Berlin 1987

Breibeck, Otto: Schurken, Lumpen, Mordgesellen. Regensburg 1977

Danker, Uwe: Die Geschichte der Räuber und Gauner. Düsseldorf-Zürich 2001

Delbrück, Hans: Geschichte der Kriegskunst, Bd. 1–4. Berlin 2000

Frank, Niklas: Raubritter. München 2002

Freytag, Gustav: Bilder aus der deutschen Vergangenheit, Bd. 1–3. Gütersloh-München 1998

Fritz, Gerhard: »Eine Rotte von allerhandt rauberischem Gesindt«. Ostfildern 2004

Geremek, Bronislaw: Geschichte der Armut. München 1988

Goez, Werner: Lebensbilder im Mittelalter. Darmstadt 1998

Hobsbawn, Eric J.: Die Banditen. Frankfurt 1972

Höfling, Helmut: Helden gegen das Gesetz. Düsseldorf 1977

Huf, Hans-Christian: Mit Gottes Segen in die Hölle. Der Dreißigjährige Krieg. Berlin 2003

Jankrift, Kay Peter: Das Mittelalter. Ein Jahrtausend in zwölf Kapiteln. Ostfildern 2004

Keen, Maurice: Das Rittertum. Düsseldorf 2002

Klauss, Jochen: Räuber, Richter und Rebellen. Rudolfstadt 1997

Küther, Carsten: Menschen auf der Straße. Göttingen 1983

KÜTHER, CARSTEN: Räuber und Gauner in Deutschland. Göttingen
  1976
LANGE, KATHRIN: Gesellschaft und Kriminalität. Räuberbanden im
  18. und frühen 19. Jahrhundert. Frankfurt 1994
REINICKE, HELMUT: Gaunerwirtschaft. Berlin 1983
REITZ, MANFRED: Das Leben auf der Burg. Ostfildern 2004
REITZ, MANFRED: Spione, die die Welt bewegten. Stuttgart 2006
RUOSS, SIEGFRIED: Viel Fürsten gab's und wenig Brot. Stuttgart 2003
SCHULTZ, ALWIN: Das häusliche Leben der europäischen Kulturvölker.
  München-Berlin 1903
SEIDENSPINNER, WOLFGANG: Mythos Gegengesellschaft. Erkundun-
  gen der Subkultur der Jauner. Münster 1998
ZIERER, OTTO: Kultur- und Sittenspiegel, Bd. 1–4. Stuttgart-Salzburg
  1969

BILDNACHWEIS

akg-images: 47, 127; artothek: 87, 95; bpk: 67; Bridgeman Art Library:
61, 63, 69, 117; Faksimile Verlag Luzern (www.faksimile.ch): 27, 29, 101;
Kunstsammlung der Veste Coburg: 131; Museum Biberach, Braith-Mali-
Museum: 115; Reiß-Museum, Mannheim: 158; Spessartmuseum, Lohr
am Main: 109; Staatsbibliothek Bamberg (RB H. bell. f. 1, p. 29; Foto: Ge-
rald Raab): 51; Universitätsbibliothek Heidelberg: 19; Württembergische
Landesbibliothek Stuttgart (Cod. Poet. et philol. Fol. N2, fol. 277v): 45;
übrige Abbildungen: Verlagsarchiv.
Wir danken den Rechteinhabern für die freundliche Genehmigung zum
Nachdruck. Trotz nachdrücklicher Bemühungen ist es uns nicht gelun-
gen, alle Rechteinhaber zu ermitteln. Wir bitten diese daher um Verständnis, wenn wir gegebenenfalls erst nachträglich eine Abdruckhono-
rierung vornehmen können.